道路绿色低碳发展技术丛书

炭质软岩路用性能及综合利用技术研究

刘军勇　黄亚飞　尹利华　毛雪松　编著

人民交通出版社

北京

内 容 提 要

本书以交通运输部2020年度交通运输行业重点科技项目清单项目、企业横向基金项目"炭质页岩路用性能及综合利用技术研究"研究成果为基础，系统介绍了炭质软岩地区公路路基修筑涉及的炭质软岩水理特性、填料强度特性、填料分类、路堤结构设计、施工控制技术等方面的理论与实践。本书不仅为炭质软岩填料路堤的设计、施工提供了技术基础，而且为相关技术规范的编制提供了科学依据。

本书可作为公路工程及相关专业的科研、设计、施工与建设管理技术人员的参考书，也可供高等院校相关专业师生学习参考。

图书在版编目（CIP）数据

炭质软岩路用性能及综合利用技术研究／刘军勇等编著．— 北京：人民交通出版社股份有限公司，2025.2．— ISBN 978-7-114-19611-9

Ⅰ．U416.1

中国国家版本馆CIP数据核字第20242RS864号

Tanzhi Ruanyan Luyong Xingneng ji Zonghe Liyong Jishu Yanjiu

书　　　名：	炭质软岩路用性能及综合利用技术研究
著　作　者：	刘军勇　黄亚飞　尹利华　毛雪松
责任编辑：	潘艳霞　师静圆
责任校对：	赵媛媛　魏佳宁
责任印制：	刘高彤
出版发行：	人民交通出版社
地　　　址：	（100011）北京市朝阳区安定门外外馆斜街3号
网　　　址：	http://www.ccpcl.com.cn
销售电话：	(010)85285857
总　经　销：	人民交通出版社发行部
经　　　销：	各地新华书店
印　　　刷：	北京市密东印刷有限公司
开　　　本：	787×1092　1/16
印　　　张：	9.75
字　　　数：	178千
版　　　次：	2025年2月　第1版
印　　　次：	2025年2月　第1次印刷
书　　　号：	ISBN 978-7-114-19611-9
定　　　价：	90.00元

（有印刷、装订质量问题的图书，由本社负责调换）

作者简介
AUTHOR INTRODUCTION

刘军勇,男,1979年11月出生,中共党员,博士,正高级工程师,陕西省中青年科技创新领军人才,陕西省工人发明家,中国交通建设集团有限公司智库一级专家,一级建造师(公路)、注册咨询工程师(投资)、注册安全工程师、检测工程师,现就职于中交第一公路勘察设计研究院有限公司,任道路工程与防灾减灾技术研发中心主任,同济大学企业导师、长安大学校外博导、西北农林科技大学校外研究生指导教师。长期从事道路工程防灾减灾科研、设计与咨询工作,具有深厚的理论基础和丰富的实践经验,先后获得陕西省科学技术奖3项、中国公路学会科学技术奖6项、中国交建科学技术进步奖3项等;出版专著《强盐渍土地区公路路基修筑关键技术》、发表期刊论文50余篇(8篇EI,1篇SCI);授权第一完成人专利11项,其中发明专利6项;参编《公路路基设计手册》、交通运输行业标准《黄土地区公路路基设计与施工技术规范》(JTG/T D31-05—2017)和《盐渍土地区公路路基设计与施工技术细则》(JTG/T 3331-08—2022)、中国国际科技促进会标准《高大边坡稳定安全智能监测预警技术规范》(T/CI 178—2023)、中国工程建设标准化协会标准《公路深路堑高路堤及特殊路基监测技术规程》(T/CECS G:J22-01—2023)等。

前 言
PREFACE

  炭质软岩是一种沉积岩,常见的有炭质页岩、炭质板岩、炭质泥岩、黑色页岩等,一般与煤系地层伴生,因含有炭化有机质和硫化铁而呈现灰黑色。现行相关技术规范中未将这类炭质软岩列为特殊性岩土,但是在公路工程建设大量开挖揭露和形成路堑边坡过程中发现,炭质软岩对光、热、水等自然营力作用极度敏感,具有风化快、遇水易软化、崩解严重、强度急剧下降、边坡破坏严重和坡面客土喷播植被恢复困难等特点,开挖暴露后数日即迅速风化,甚至泥化。其弃渣遇水后的渗出液呈酸性,不仅污染周边水土环境,而且使弃渣场地成为不毛之地。这些地区材料外运成本过高,开山碎石、沿河取石不符合当下环保规定,路堤填料供应成为难题。炭质软岩在我国分布较广泛,尤其是在广西、贵州、云南、四川等西南聚煤区频频揭露,炭质软岩的处置问题给相关工程造成了较大的困扰。

  目前,我国大力推行固体废弃物的资源化利用,要求公路工程提升生态环保设计水平,倡导公路建设实现"零弃方、少借方"。然而由于缺乏统一的技术指引,加之对炭质软岩的认识不够,使得工程技术人员不敢采用炭质软岩填筑路堤,造成炭质软岩的大量废弃;或是使用防护措施不到位,造成路堤建成后出现沉陷、滑移等病害,增加建设和养护成本。

  G5615天猴高速公路墨江至临沧段地处云贵高原西南边缘、横断山脉南段,毗邻哀牢山自然保护区,沿线山高谷深,属山岭重丘区高速公路,高填深挖路基较多,深挖方石料以炭质软岩为主,缺乏良好的路堤填料。因此,在充分认知炭质软岩填料性质的基础上,若能将炭质软岩用于路堤填筑,不仅能化解工程路堤填料供应的难题,还可减小弃渣堆积对环境的不利影响。

  针对炭质软岩路堤填筑利用难题,作者结合多年的工程实践,对炭质软岩路用性能及综合利用技术开展系统研究,研究内容包括炭质软岩水理特性、填料强度特性、填料分类、路堤结构设计、施工控制技术等，研究成果已在天猴高速公路墨江至临沧段得到应用，解决了路堤填料匮乏难题，保证了路堤修筑质量，减小了工程弃方和弃渣场占地面积，具有显著的社会效益和经济效益。在研究成果的基础上编写了此书，期望为相关技术的进步起到一定的推动作用。

本书在编写过程中，参阅了国内外大量文献资料，谨向这些文献资料的作者表示衷心的感谢！在研究过程中，课题组张留俊、赵立廷、吴谦、张朝辉、丁彪、张利涛、杨满仓等以及研究生常洲、徐合清等其他成员做了大量的工作，在此一并向他们辛勤工作表示诚挚的谢意。

由于作者水平有限，书中难免存在疏漏或不妥之处，敬请有关专家和学者批评指正。

作　者
2024 年 10 月于西安

目 录
CONTENTS

第1章 绪论 ··· 001

    1.1 我国大宗固废的生产及利用情况 ··· 001

    1.2 炭质软岩的特点 ··· 003

    1.3 墨江至临沧高速公路炭质软岩分布情况 ··· 006

第2章 炭质软岩原岩的物理力学性质 ··· 008

    2.1 原岩的物质成分分析 ··· 008

    2.2 原岩的基本物理力学性质 ··· 015

    2.3 本章小结 ··· 024

第3章 炭质软岩填料的工程特性研究 ··· 026

    3.1 炭质软岩弃渣的基本物理性质 ··· 026

    3.2 含石率对填料工程特性的影响 ··· 028

    3.3 填料级配对击实特性的影响 ··· 032

    3.4 干湿循环条件下填料的 CBR ··· 036

    3.5 填料级配对回弹模量的影响 ··· 038

    3.6 本章小结 ··· 040

第4章　炭质软岩填料路堤湿化特性研究 …… 042

4.1　荷载作用下路堤的湿化变形特性 …… 042
4.2　浸水前后填料的抗剪强度衰减特性 …… 050
4.3　路堤浸水回弹模量衰减特性 …… 054
4.4　自然条件作用下路堤的湿度与变形监测 …… 059
4.5　本章小结 …… 065

第5章　不同结构形式下路堤的变形及稳定性研究 …… 067

5.1　炭质软岩填料路堤典型结构的提出 …… 067
5.2　数值模型分析的理论基础 …… 069
5.3　高填方路堤稳定性的数值分析模型建立 …… 079
5.4　数值模拟结果分析 …… 081
5.5　综合对比分析 …… 091
5.6　本章小结 …… 094

第6章　炭质软岩填料路堤利用原则与结构设计 …… 095

6.1　炭质软岩填料的利用原则 …… 095
6.2　炭质软岩填料路堤设计 …… 100
6.3　炭质软岩填料路堤施工 …… 106
6.4　本章小结 …… 110

第7章　炭质软岩填料路堤施工质量控制与工程应用效果 …… 111

7.1　基于分形维数的填料崩解性消除标准 …… 111
7.2　炭质软岩填料路堤现场碾压工艺研究 …… 115
7.3　基于沉降差法的填料压实质量控制 …… 119
7.4　炭质软岩填筑质量检测方法 …… 122
7.5　路堤监测方案设计 …… 125

7.6 墨临高速公路炭质软岩利用效果分析 ………………………………… 129

7.7 本章小结 ……………………………………………………………… 133

第 8 章 结论与建议 ………………………………………………………… 135

8.1 结论 …………………………………………………………………… 135

8.2 建议 …………………………………………………………………… 138

参考文献 ……………………………………………………………………… 139

第1章 绪　　论

1.1 我国大宗固废的生产及利用情况

近年来,国家经济及物质文化水平提高,对我国交通运输可持续及绿色低碳发展提出了更高、更明确要求。中共中央、国务院先后印发的《交通强国建设纲要》和《国家综合立体交通网规划纲要》明确提出:促进绿色发展节约集约、低碳环保,加强老旧设施更新利用,推广施工材料、废旧材料再生和综合利用,提高资源再利用和循环利用水平,推进交通资源循环利用产业发展;准确把握新发展阶段要求和资源禀赋气候特征,加强资源节约集约利用,探索中国特色交通运输现代化发展模式和路径;构建便捷顺畅、经济高效、绿色集约、智能先进、安全可靠的现代化高质量国家综合立体交通网,加快建设交通强国,为全面建设社会主义现代化国家当好先行。

大宗固废,是指单一种类年产生量在1亿t以上的固体废弃物,主要包括以粉煤灰、尾矿、煤矸石、冶炼渣等为主的工业固废和以建筑拆除物、工程挖方弃渣为主的工程固废,是资源综合利用重点领域。2021年4月,国家发展改革委联合九部门印发的《关于"十四五"大宗固体废弃物综合利用的指导意见》(发改环资〔2021〕381号)指出:到2025年,大宗固废的综合利用能力显著提升,新增大宗固废综合利用率达到60%。2022年2月,工信部等八部门印发的《关于加快推动工业资源综合利用的实施方案》(工信部联节〔2022〕9号)提出:到2025年,力争大宗工业固废综合利用率达到57%。

工业固废类多面广,年产生量超过30亿t,历史累计堆存量超过600亿t。据统计,2020年,工业固废年产生量在36~38亿t,综合利用率在55%~57%,具体见表1-1。经过多年实践与探索积累证明,70%的工业废渣具有潜在活性,利用工业固废的相互配伍性,要充分发挥材料特性,科学合理利用;因地制宜解决工程实际问题,提高技术价值,实现工程应用效果的最优化。

工业固废 2016—2020 年产生及利用情况　　　　　　　　　表 1-1

年份(年)	利用情况	尾矿	煤矸石	粉煤灰	冶金渣	工业副产石膏	赤泥	电石渣
2016	产生量（亿t）	14.46	6.14	5.6	5.71	2.13	0.84	0.30
2016	综合利用量（亿t）	3.58	4.77	4.32	4.55	0.94	0.03	—
2016	综合利用率（%）	21.75	77.69	77.14	79.65	44.13	3.57	—
2017	产生量（亿t）	16.16	6.34	5.80	5.81	2.13	1.00	0.31
2017	综合利用量（亿t）	3.57	4.27	4.35	4.44	0.95	0.04	—
2017	综合利用率（%）	22.09	67.35	75.00	76.38	44.60	4.00	—
2018	产生量（亿t）	12.11	6.62	6.28	6.30	2.24	1.05	0.31
2018	综合利用量（亿t）	3.35	4.53	4.77	4.77	1.01	0.045	—
2018	综合利用率（%）	27.69	68.40	75.96	75.66	45.17	4.29	—
2019	产生量（亿t）	12.72	6.93	6.37	6.76	2.26	1.05	0.32
2019	综合利用量（亿t）	4.13	4.82	4.91	4.80	1.15	0.08	0.29
2019	综合利用率（%）	32.47	69.55	76.72	70.96	50.88	8.09	48.43
2020	产生量（亿t）	12.95	7.02	6.48	6.89	2.30	1.06	0.35
2020	综合利用量（亿t）	4.41	5.07	5.03	5.06	1.29	0.07	0.31
2020	综合利用率（%）	34.05	72.20	77.62	73.48	56.15	7.05	89.67

根据《中国建筑垃圾处理行业发展前景与投资战略规划分析报告》，我国建筑固废每年产生量巨大，增长量迅速。按照目前产量及增长趋势预测，至2030年，将达到73亿t，具体见图1-1。以双向四车道为例，每公里路基需消耗土石方100000m³（以中国路基的平均填高3.4m计算），道路建设对于土石等原材料存在巨大需求。但出于环保的要求，政府对开山采石做出了严格限制。可以预见，未来公路建设所需的土石等原材料将面临严重短缺。尤其在城镇化程度较高的区域，城市群的发展使相邻城市间的距离越来越近，这些地区不但存在垃圾围城的风险，在道路建设中更是无土石料可取。同时传统砂石开采过程对山体和河道等自然环境造成了严重破坏，释放大量CO_2和有害粉尘，污染环境。

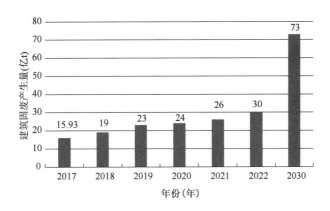

图1-1　建筑固废2017—2022年产生情况及预测

1.2　炭质软岩的特点

不良弃方主要指工程开挖过程中产生的性质不良、难以满足路堤填筑利用要求，或其堆弃容易污染环境，需要进行特殊处理的挖方弃土。随着公路行业的科研技术攻关，一些常见的不良弃方，如淤泥、高液限土、膨胀土、千枚岩等，经过固化或物理化学改良已经广泛应用于路堤填筑中，取得了巨大的经济和环境效益。然而，近年来，随着山区高速公路逐渐向云南、贵州、广西等西部地区深入，西南地区沉积煤系地层中广泛分布的一类含碳成分较大的泥岩、页岩、砂岩、板岩、灰岩或互层，因呈黑色或灰黑色而被称为炭质软岩。现行相关技术规范中未将这类炭质软岩列为特殊性岩土。

一般情况下，有机质含量（TOC）超过0.5%属于含炭岩石。本书所述的炭质软岩是指有机质含量（TOC）大于0.5%而不超过10%的软弱岩石。通过梳理我国公开报道的炭质软岩项目发现(详见表1-2),炭质软岩常与煤系地层伴生,在我国分布非常广泛,尤其是在广西、贵州、云南、四川等西南聚煤区,隧道支护结构大变形、边坡屡治屡滑、填方路堤滑塌等现象频频出现,如图1-2~图1-5所示,给地区工程建设带来了极大的挑战。据云南墨江至临沧高速公路项目粗略统计,其路线经过的约20km的炭质软岩分布区,由于隧道大变形、路基边坡坍塌、填方滑移造成的工程变更支出就达数千万元,不仅大幅提高了公路建设成本,而且对项目建设工期造成了较大的影响。上述工程实践充分说明炭质软岩是一种性质不良的软质岩石,在工程建设中必须引起充分重视。

穿越含炭软岩区的部分工程项目　　　　表1-2

典型分布区域		工程项目名称
广西	柳州、河池、百色、玉林等地区	柳州绕城高速公路、六寨至河池高速公路、河池至南宁高速公路、河池至百色高速公路、玉林至铁山港高速公路、融水至河池高速公路、桂广客专某车站
贵州	黔南布依族苗族自治州、毕节等地区	都匀至安顺高速公路、惠水至罗甸高速公路、都匀至独山公路
云南	普洱、西双版纳、文山、德宏、红河等地区	墨江至临沧高速公路、勐醒至绿春高速公路、丘北至砚山高速公路、文山至麻栗坡至天保公路
四川	阿坝等地区	马尔康至久治高速公路、S446黑水县扎窝至红岩段
湖南	湘南、湘西等地区	郴州市同心桥安置小区、凤凰新城
广东	梅州等地区	梅州至汕尾高速公路、连州至怀集公路
重庆	城口等地区	高燕锰矿床
甘肃	陇南等地区	成县至武都高速公路武都段、凤合高速公路岷县大草山隧道、渭武高速公路木寨岭特长隧道

图1-2　含碳软岩风化崩解

图1-3　遇水软化(泥化)

图 1-4　含碳软岩弃土场与周边环境极不协调　　　　图 1-5　含碳软岩填筑的路堤滑移

由于炭质软岩特殊的工程性质，在以往的工程建设中往往弃之不用，但大量的炭质软岩弃渣不仅会占用大量土地、污染水土、增加建设成本，而且在暴雨季节还会引发泥石流和崩塌等地质灾害。交通运输部印发的《关于实施绿色公路建设的指导意见》（交办公路〔2016〕93号）倡导实现"零弃方、少借方"，大力推行废旧材料再生循环利用，推行生态环保设计。因此，近年来，公路建设中炭质软岩的绿色处置与低碳利用需求日益迫切。然而由于勘察、设计、施工等阶段对炭质软岩的特性认识不够，使得工程技术人员不敢采用炭质软岩填筑路堤，造成炭质软岩大量废弃，从而污染环境，或是"不会用"，造成路堤沉陷、滑移，形成较大的设计变更，增加建设成本。

近年来，国家基础设施建设不断强化"资源集约、节约"和"绿色化"，且要求在不断提高。因此，在满足工程要求的前提下，充分揭示并科学评价挖方废弃料的工程特性，最大程度资源化利用废弃土方，不仅利于成本控制，还符合国家战略要求。

广西六合高速公路建设过程中遇到了大量的炭质页岩，采用经过预崩解处理的炭质页岩作为93区路堤填料。贵州惠罗高速公路项目研究了不同干湿循环次数作用下炭质页岩CBR（California Bearing Ratio，加州承载比）和回弹模量变化规律，结果表明，炭质页岩在5次干湿循环后强度已基本稳定。贵州惠罗高速公路、广西六合高速公路等采用炭质页岩填料填筑下路堤，路堤中心填高未超过8m，且未大规模利用。

由于目前各地区气候、地质、水文等客观因素不同，填料路用性能也有着明显差异，加之工程应用实例较少，因此，炭质软岩填料利用和路堤结构设计仍然是工程应用研究的重点和难点之一。炭质软岩填料路堤设计与施工必须解决如下问题：

（1）炭质软岩对光、热、水等自然营力作用极度敏感，风化快、遇水易软化、崩解严重。要利用炭质软岩填筑路堤必须弄清其崩解性软化机理，掌握炭质软岩风化程度、颗粒级配对其路用性能的影响,明确炭质软岩填料的分类标准。

(2)炭质软岩填料与其他土质填料及硬质岩块填料不同,其强度会随着填料崩解衰减。刚填筑好的路堤,其强度和水稳性能满足现有的技术规范。但是,在干湿变化条件下或者路堤浸水条件下的填料将继续崩解破碎;加之行车荷载的作用,路堤发生长期变形特性。要利用炭质软岩填筑路堤还需掌握炭质软岩作为路堤填料的长期强度衰减特性,明确炭质软岩填料的长期性能评价方法。

(3)炭质软岩作为路堤填料具有特殊性,在水汽影响情况下容易发生崩解破碎,进而使路堤性能下降,因此需要采取特殊的路堤结构形式、路堤防水控湿措施,指导炭质软岩填料路堤设计。

(4)炭质软岩的粒径会随碾压、时间的推移发生逐渐崩解,施工过程中宜使其崩解达到稳定状态,消除其工后崩解性。因此,需明确炭质软岩填筑前的处理标准和填筑质量检测标准,指导路堤施工。

1.3　墨江至临沧高速公路炭质软岩分布情况

墨江至临沧高速公路(简称"墨临高速公路")地处云南省西南部,采用双向四车道高速公路标准,设计速度为80km/h,路基宽度25.5m。墨临高速公路建成将贯通天保至芒市、猴桥,串联文山、玉溪、普洱、临沧、保山、德宏6个州市,辐射18个国家级、省级口岸,促进对外经济贸易,是西部开放省份打通东南亚大市场的主要交通骨干线之一,是国家高速公路网规划中天保口岸—猴桥口岸公路中的一段,为云南省骨架路网的横向重要组成部分,对改善周边地区落后的交通面貌、带动沿线地区少数民族贫困人口脱贫致富、维护边疆稳定、加强民族团结具有重要意义。

墨临高速公路地处云贵高原西南边缘,横断山脉南段,毗邻哀牢山自然保护区。项目沿线地质构造复杂,属山岭重丘区高速公路,高填深挖路基较多。墨临高速公路仅K60+200~K83+600段就穿越炭质软岩分布区合计约8km,炭质软岩深挖方有23处,深挖方石料又以炭质页岩为主,缺乏良好的路堤填料。与此同时,炭质软岩及其中孔隙水流常呈酸性,将其堆积在弃渣场中对周边环境也极为不利,弃渣场及周边区域经常"寸草不生",如图1-6所示。因此,若能在充分认知炭质软岩填料性质的基础上,将其用于路堤填筑,不仅能化解上述地区路堤填料的供应难题,也可避免弃渣堆积对环境的不利影响。

图 1-6 墨临高速公路沿线炭质软岩

鉴于此,项目开展了大量试验与试验段路堤修筑,研究炭质软岩原岩工程性质、填料的长期变形及湿化变形特性,采取合理的炭质软岩填料路堤结构形式与防水控湿措施,结合试验路修筑提出炭质软岩填料路堤施工工艺及质量控制标准,最终形成炭质软岩填料路堤设计与施工技术指南。项目的研究成果为炭质软岩分布区的路基设计、施工提供理论支撑作用,也是对软岩填料力学特性研究的进一步探索和有益补充。对于节约建设资源,降低养护维修费用,促进炭质软岩地区道路的发展,具有重要工程实用价值和工程意义。

第 2 章　炭质软岩原岩的物理力学性质

炭质软岩的矿物组成和基本物理力学性质是影响其填筑路堤强度及稳定性的最基本因素。本章主要利用 X 射线衍射技术对岩石进行矿物成分分析,以及电镜扫描技术对炭质软岩原岩的微观结构进行分析,同时进行颗粒密度和块体积密度试验、吸水性试验、耐崩解率试验等物理力学试验,分析其基本物理力学性质,对保证炭质软岩填筑路堤的稳定性有重要意义。

2.1　原岩的物质成分分析

2.1.1　XRD 衍射试验

1) 试验方法

在路堤填料料场随机对挖余弃方进行取样,获取典型岩样两批各五组,并将岩样研磨成 5μm 细粉备用,利用 X 射线衍射仪(XRD),测试岩粉在不同角度下的强度峰值,试验过程如图 2-1 所示,最后利用 Jade 软件进一步测试其矿物成分。

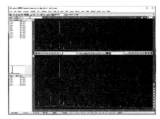

a) 岩样准备　　b) 碾磨成标准粉末　　c) 试验　　d) 试验数据处理

图 2-1　X 射线衍射试验过程

2) 试验结果分析

利用 Jade 数据分析软件识别不同强度峰对应的物质组成以及各物相的质量百分

数,试验结果如图 2-2 所示。

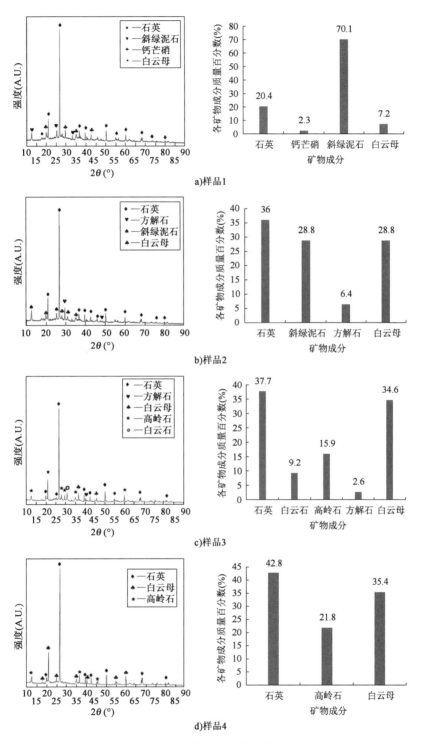

图 2-2 X 射线衍射试验结果

在风化程度低的岩样中,原生矿物占比很高,以石英、方解石、白云石为主,且所占比例很大。另外,在试样中发现检测到了大量的绿泥石,含量在30%~70%之间,且黏土矿物仅检测到绿泥石。风化程度较高的岩样中,黏土矿物含量明显增加,检测到的黏土矿物以高岭石为主,最高含量可达21.8%。矿物成分与风化程度有如下关系:风化程度越高,石英的相对含量越高,而方解石、白云石含量越低,黏土矿物含量越高。炭质软岩矿物成分测试结果统计如表2-1所示。

炭质软岩矿物成分测试结果统计　　　　表2-1

矿物成分	石英	方解石	白云石	长石	芒硝	白云母	绿泥石	高岭石
含量(%)	10.1~52.1	1.4~6.4	9.2~13.1	0.1~2.1	2.3~15	7.2~64.1	4.8~70.1	15.9~21.8

由于炭质软岩中含有一定量的钙芒硝($Na_2SO_4 \cdot CaSO_4$)、黄铁矿(FeS_2),使得炭质软岩遇水后的浸出液表现为酸性,加之缺乏氮、磷等矿物元素,因此现场调查发现,即便炭质软岩风化为泥土状,植物也难以生长。

不同炭质软岩样品的矿物含量不同,但是主要包含石英、绿泥石、白云母等矿物。风化程度较低的岩样,黏土矿物仅检测到绿泥石,而风化程度较高的岩样,黏土矿物含量明显增加,且以高岭石为主。由于本次试验受仪器所限,对于风化程度较高的岩块的矿物成分没有完全解析,因此需要通过扫描电子显微镜(SEM)试验的微观观察进一步探究不同风化程度炭质软岩的矿物组成。

2.1.2 扫描电子显微镜试验

矿物成分是影响岩石力学性质的关键因素。当前采用的分析方法有X射线衍射分析法、质谱分析法、电子显微镜扫描法等。由于扫描电子显微镜(SEM)具有高分辨率、放大倍数大、景深大和样品制作简单等特点,在现代固体材料微区形貌和细观结构分析中得到了广泛应用,在岩相鉴定和细观结构构造研究方面也取得了极好的应用效果。借助电子显微镜自带的EDS元素分析功能,可直接分析岩样的化学成分。

1)试验设计

本试验选取五组典型岩块,借助扫描电子显微镜(SEM)试验,获取其微观结构,再借助扫描电子显微镜自带的EDS元素分析功能,得到岩块的元素组成,结合X射线试验结果综合判断主要的矿物成分。试验过程如图2-3所示。

第2章 炭质软岩原岩的物理力学性质

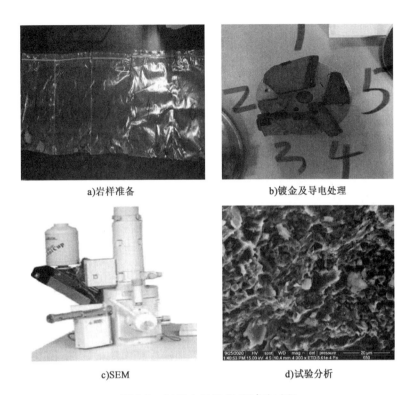

图2-3 扫描电子显微镜试验过程

2)试验结果分析

(1)不同风化程度岩块放大8000倍的微观结构如图2-4所示。

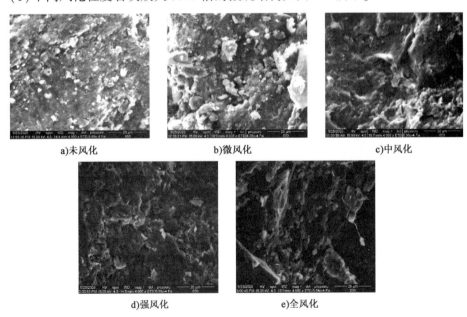

图2-4 不同风化程度岩块放大8000倍的微观结构

011

对不同风化程度的炭质软岩放大 8000 倍的细观结构进行观察，发现随着风化程度的增大，岩块的矿物成分次生化越来越严重，岩块内部微裂隙更为发育，岩块孔隙率也越来越大，裂隙随机分布，这些裂隙会进一步加速炭质软岩的风化和崩解破坏。

（2）EDS 元素分析。

EDS 元素分析数据如表 2-2～表 2-5 所示。

EDS 元素分析数据-样品 1（%） 表 2-2

谱图	C	O	Mg	Al	Si	S	K	Ca	Fe	合计
1	0.56	52.25		6.54	39.05		1.6			100
2	2.48	56.58		7.58	15.30	6.6	1.82	0.78	8.86	100
3	0.74	51.88	2.62	11.52	22.65		2.23		8.36	100
4	0.49	56.34	5.79	9.57	12.43				15.38	100
5	1.21	66.09	6.69	1.77	2.79			14.55	6.9	100
6	0.86	64.9		2.78	31.42					100

EDS 元素分析数据-样品 2（%） 表 2-3

谱图	C	O	Mg	Al	Si	S	K	Fe	合计
1	0.77	61.41	0.91	3.36	32.39		1.16		100
2	0.81	62.28		4.49	30.3			2.12	100
3	0.8	56.02	1.66	9.44	25.44		2.32	4.32	100
4	1.3	45.05		3.79	23.72	13.49		12.65	100
5	0.44	60.61	1.02	8.24	27.71		1.98		100
6		64.61		2.84	32.55				100
7	1.17	61.50		7.08	28.88		1.37		100

EDS 元素分析数据-样品 3（%） 表 2-4

谱图	C	O	Na	Mg	Al	Si	K	Ca	Fe	合计
1	17.11	56.96			2.17	19.68		4.08		100
2	0.56	48.18			6.79	40.36	1.92		2.19	100
3		48.69		0.94	1.64	48.73				100
4		69.24			6.14	24.62				100
5		42.99	3.91		10.77	42.33				100
6						29.21			70.79	100

EDS 元素分析数据-样品 4(%)　　　　表 2-5

谱图	C	O	Mg	Al	Si	K	Ca	Ti	Fe	合计
1		5.39			3.53		2.17		88.91	100
2		53.53	1.5	9.37	28.95	2.83			3.82	100
3		33.33	5.57	9.34	15.17		1.09		35.5	100
4		42.83	2.17	5.72	29.04				20.24	100
5	0.37	49.56	0.88	4.58	35.18	0.87	1.78		6.78	100
6		46.11		6.7	22.6	3.83	2.72		18.04	100
7		29.61		1.41	68.98					100
8		32.89		1.09	4.88		2.18	58.96		100

利用电子显微镜扫描仪的 EDS 元素分析功能,可以发现在炭质软岩中含有大量的 Fe 元素和 S 元素。黄铁矿作为黑色页岩中最主要的硫化矿物,是富含有机质沉淀的特征矿物。黄铁矿有多种存在形式,如单个自形晶、草莓状、团块状、结核状等。结合黄铁矿的形状特征,根据图 2-5 和图 2-6 可以发现,在样品 1 第一个点位的谱图 2 和样品 2 第一个点位的谱图 4 有颗粒状或者结核状的黄铁矿特征,说明炭质软岩中还含有一定量的黄铁矿。

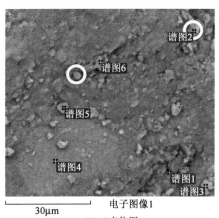
a)EDS点位图

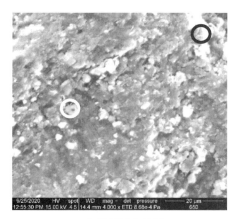
b)电子显微镜扫描图

图 2-5　电子显微镜扫描图像-样品 1

通过对风化程度较高的样品 3 的电子显微镜扫描图(图 2-7)进行分析发现,样品 3 含有一定量的蒙脱石和高岭石。蒙脱石呈弯曲、卷曲薄片状结构。高岭石呈粒状叠片体颗粒,单片体平整,厚宽度相对较大,形状较规则。蒙脱石和高岭石是常见的黏土矿物,具有较强的膨胀性,常出现在风化程度较高的炭质软岩中。

此外在样品 4 的电子显微镜扫描图(图 2-8)中发现,样品 4 含有伊利石。伊利石的微观结构呈薄片状,在显微镜下类似碎屑云母,没有弯、曲边,形状不规则且单薄。

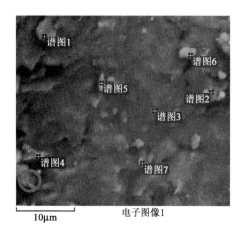 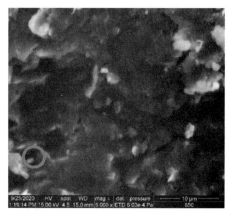

a)EDS点位图　　　　　　　　　b)电子显微镜扫描图

图 2-6　电子显微镜扫描图像-样品 2

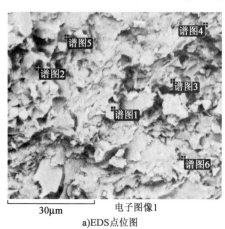

a)EDS点位图　　　　　　　　　b)电子显微镜扫描图

图 2-7　电子显微镜扫描图像-样品 3

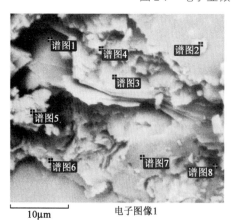 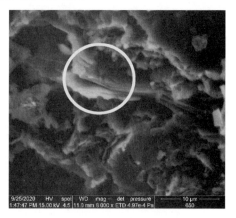

a)EDS点位图　　　　　　　　　b)电子显微镜扫描图

图 2-8　电子显微镜扫描图像-样品 4

结合 EDS 元素分析和 X 射线衍射试验结果分析发现,炭质软岩中含有大量的石英、方解石、白云母等原生矿物,还含有绿泥石、蒙脱石、高岭石、伊利石等黏土矿物,其中高岭石的含量可达 21.8%,另外还含有黄铁矿等铁的硫化矿物。需要注意的是,蒙脱石、高岭石这类膨胀性矿物对炭质软岩整体的膨胀性有很大的影响。

上述结果也表明,对炭质软岩中矿物成分的测试,应采取 XRD + SEM + EDS 的联合测试(识别)方法。

2.2 原岩的基本物理力学性质

2.2.1 颗粒密度和块体积密度试验

1)颗粒密度

(1)测试方法。

炭质软岩的颗粒密度测试方法根据《工程岩体试验方法标准》(GB/T 50266—2013)进行,采用比重瓶法对岩石颗粒密度进行测试,如图 2-9 所示。

a)土样烘干备用

b)装填至比重瓶

c)恒温水槽

图 2-9 颗粒密度试验

(2)试验结果。

将试验结果整理并汇总至表 2-6 中。

颗粒密度试验数据 表2-6

试样编号	试液温度（℃）	试液密度 ρ_{wt}(g/cm³)	干岩粉质量 m_s(g)	瓶加试液加岩粉质量 m_2(g)	瓶加试液质量 m_1(g)	颗粒密度 ρ_s(g/cm³)	平均值（g/cm³）
1	26.0	1	15	142.77	133.61	2.57	
2	26.0	1	15	144.52	135.34	2.58	
3	26.0	1	15	142.89	133.65	2.60	
4	26.0	1	15	144.60	135.35	2.61	
5	26.0	1	15	143.75	134.49	2.61	2.64
6	26.0	1	15	142.68	133.63	2.52	
7	26.0	1	15	144.73	135.21	2.74	
8	26.0	1	15	143.15	134.25	2.46	
9	26.0	1	15	143.41	133.28	3.08	

由表2-6可知，炭质软岩的颗粒密度大致在 $2.46 \sim 3.08 \text{g/cm}^3$，平均值为 2.64g/cm^3。

2）块体积密度

（1）测试方法。

炭质软岩的块体积密度测试方法根据《工程岩体试验方法标准》(GB/T 50266—2013)进行。

（2）试验结果。

将试验结果整理并汇总至表2-7中。

块体积密度试验数据 表2-7

试样编号	烘干试样质量（g）	蜡封试样质量（g）	蜡封试样水中质量（g）	干密度（g/cm³）	平均值（g/cm³）
1	59.92	61.46	35.12	2.43	
2	43.33	44.32	26.05	2.52	
3	31.65	32.86	19.10	2.55	
4	62.13	63.41	37.52	2.54	
5	52.19	53.74	31.87	2.59	2.55
6	81.22	82.63	49.60	2.58	
7	5.21	5.38	3.2	2.62	
8	8.231	8.51	4.96	2.54	
9	12.17	12.41	7.5	2.62	

由表2-7可知,炭质软岩的块体积密度大致为2.43~2.62g/cm³,平均值为2.55g/cm³。

2.2.2 吸水率试验

1)自由吸水率

(1)测试方法。

自由吸水率试验方法根据《工程岩体试验方法标准》(GB/T 50266—2013)进行。

(2)计算结果。

将计算结果整理并汇总至表2-8中。

吸水率试验数据　　　　表2-8

样品编号	干岩石质量(g)	充分吸水48h(g)	岩块自由吸水率(%)	平均值(%)
1	66.45	66.98	0.81	
2	57.62	58.41	1.37	
3	63.95	64.47	0.81	
4	41.49	41.80	0.76	1.12
5	56.45	57.01	0.99	
6	59.34	60.35	1.71	
7	49.38	49.90	1.04	
8	37.88	38.43	1.45	

由表2-8可知,炭质软岩的自由吸水率大致在0.81%~1.71%,每个样品的自由吸水率差异较大,取其平均值可得到炭质软岩的平均自由吸水率为1.12%。通过查找文献《工程岩土学》发现,页岩的吸水率在0.5%~3.2%之间,与本次试验结果相差不大。

2)饱和吸水率

(1)测试方法。

饱和吸水率试验方法根据《工程岩体试验方法标准》(GB/T 50266—2013)进行。

(2)计算结果。

将计算结果整理汇总至表2-9中。

饱和吸水率试验数据　　　　　　　　　　表 2-9

样品编号	干岩石质量(g)	充分吸水 48h(g)	岩块饱和吸水率(%)	平均值(%)
1	59.95	60.70	1.26	
2	73.53	75.29	2.39	
3	78.48	80.23	2.22	
4	49.82	50.95	2.27	
5	77.06	78.24	1.54	
6	94.95	97.18	2.35	
7	92.22	93.08	0.93	
8	107.93	108.81	0.82	1.70
9	1079.5	1090.0	0.97	
10	95.95	96.84	0.93	
11	72.38	73.62	1.71	
12	103.14	104.21	1.03	
13	228.5	233.0	1.97	
14	139.5	143.5	2.87	
15	237.5	243.0	2.32	

炭质软岩的吸水能力是由岩石矿物颗粒间的排列方式及孔隙、微裂隙的数量体积等因素决定的,通常通过岩石的自由吸水率和饱和吸水率来说明。由表 2-9 可知,不同炭质软岩试样的饱和吸水率差异较大,样品 14 的饱和吸水率最大,为 2.87%,样品 8 的饱和吸水率最小,为 0.82%,取其平均值 1.70%。

侯勇等进行了五组炭质软岩的自由吸水率和饱和吸水率测试,发现炭质软岩的自由吸水率在 0.65% ~1.03%之间,饱和吸水率在 1.02% ~1.44%之间。因此,可以发现墨临高速公路炭质软岩的吸水率较其他地区的炭质软岩要高一些。

2.2.3　耐崩解性试验

炭质软岩在自然环境作用下容易崩解破碎,干湿循环的环境会加速岩石的崩解。放置于自然状态下的炭质软岩数日后即崩解为片状碎片甚至粉状,完全丧失了原岩状态下强度适中、完整性尚好的自然特征,如图 2-10 所示。岩石的耐崩解性是评价其工程性质稳定性必须考虑的一个指标,炭质软岩作为路堤填料保持其强度和稳定性尤为重要,因此测试炭质软岩在不同干湿循环作用下的耐崩解性极为重要。

图 2-10　放置于自然状态下的炭质软岩崩解

为定性描述炭质软岩的崩解特性,挑选挖方路段炭质软岩新鲜岩块,依据《公路工程岩石试验规程》(JTG E41—2005)进行试验,烘箱与岩石耐崩解试验仪如图 2-11 所示。每组试验分别进行 5 个循环试验,岩石耐崩解性试验过程如图 2-12 所示。

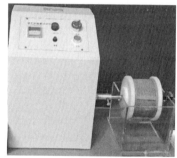

图 2-11　烘箱与岩石耐崩解试验仪

图 2-12　岩石耐崩解性试验过程

每次循环试验结束后按照式(2-1)计算炭质软岩耐崩解率。

$$P_{\mathrm{d}n} = 1 - I_{\mathrm{d}n}$$

$$I_{\mathrm{d}n} = \frac{m_n - m_0}{m_s - m_0} \times 100\% \tag{2-1}$$

式中：$P_{\mathrm{d}n}$——岩石(n 次循环)崩解率(%)；

$I_{\mathrm{d}n}$——岩石(n 次循环)耐崩解性系数(%)；

m_0——2mm 筛的干重(g)；

m_s——2mm 筛与原试样烘干质量的和(g)；

m_n——2mm 筛与第 n 次循环后的残留试样烘干质量的和(g)。

试验取不同桩号位置的炭质软岩进行试验，共进行6组岩块的耐崩解试验。得到6组炭质软岩循环次数与崩解率曲线，如图2-13所示。

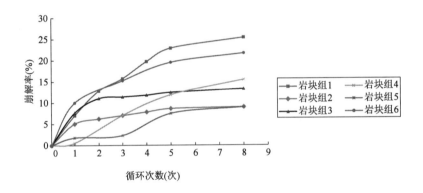

图 2-13 炭质软岩循环次数与崩解率曲线

从图 2-13 中可看出，随着干湿循环次数的增加，炭质软岩崩解率逐渐增加，历经5次循环之后增加的速率放缓，但不同岩组的离散性较大。其中岩块组 2、3、5 历经 5 次循环之后，崩解基本稳定，稳定崩解率为 9%～13.3%；岩块组 1、4、6 历经 5 次循环之后，崩解速率逐渐减低，但仍在持续，5 次循环之后的崩解率为 11.9%～22.9%，8 次循环之后的崩解率为 15.5%～25.4%。岩石的耐崩解性与其亲水矿物含量、疏松程度、风化程度有关，炭质软岩的崩解性差别较大，说明其性质离散性较大。

甘布尔(Gamble)提出根据岩石耐崩解性指数，按表 2-10 对岩石的崩解耐久性进行分类。但是该分类方法仅考虑了 1 次、2 次崩解循环，参考该标准，炭质软岩基本属于中等的耐久性。

软质岩崩解性分类　　　　　　　　　　　　表 2-10

分类	一次循环后留下的百分数 （%）（按干重计）	两次循环后留下的百分数 （%）（按干重计）
极高耐久性	>99	>98
高耐久性	98~99	95~98
中等高的耐久性	95~98	85~95
中等的耐久性	85~95	60~85
低耐久性	60~85	30~60
极低的耐久性	<60	<30

中国工程建设标准化协会标准《公路软质岩路堤设计与施工技术规程》（T/CECS G:D22-02—2022）提出了软质岩的崩解性分类，见表 2-11。按照该规程的分类标准，炭质软岩属于易崩解~难崩解岩石。

软质岩崩解性分类　　　　　　　　　　　　表 2-11

分类	不崩解	难崩解	易崩解
耐崩解性指数 I_{d2}（%）	>95	85~95	<85

2.2.4　自由膨胀率试验

因炭质软岩黏土矿物中高岭石和蒙脱石含量较高，伊利石含量较少，表明该炭质软岩具有一定的亲水性，且具有较强的膨胀性，原岩的膨胀性对工程的稳定性有很大影响，因此探究原岩的膨胀性意义很大。目前，对于岩石膨胀性的测试主要包括自由膨胀率试验、侧向约束膨胀率试验和体积不变条件下的膨胀压力试验，以上试验主要是针对试样岩石两点的线膨胀的测量，且目前针对岩石的膨胀性试验仪器也主要是测试膨胀性岩石的线膨胀性。然而，岩石的线膨胀性不能准确反映岩石整体的膨胀性，准确测量膨胀性岩石的体膨胀量对工程设计同样具有必要的工程意义。因此，设计了特殊情况下测试岩石体膨胀的试验。

1）试验方法

（1）试验开始前，准备两个试验量筒，设置为对照组和试验组，分别加入一定量水，记录两个玻璃管水位情况。试验组的玻璃管水位为 $H_{试、前}$，对照组的玻璃管液位计高度为 $H_{对、前}$。

（2）将待测岩块放入试验组的试管，并快速记录此时试验组的玻璃管水位 $H_{试,岩前}$，便可得到待测岩石的体积 $V_{岩} = (H_{试、岩前} - H_{试、前})$。

（3）经过6h试验，记录此时两个玻璃管液位计的水位情况。试验组的玻璃管液位计高度为 $H_{试、岩后}$，对照组的玻璃管液位计高度为 $H_{对、后}$。可以得到水分的蒸发体积 $V_{水、蒸} = (H_{对、前} - H_{对、后})$。待测岩石膨胀的体积变化量 $V_{岩、变} = (H_{试、岩后} - H_{试、岩前}) + V_{水、蒸}$。同时最后计算得到岩石膨胀的体积变化率 $V = V_{岩、变}/V_{岩}$。

（4）重复步骤(1)至步骤(3)，可以测得不同试验岩石在不同组岩石膨胀的体积变化率，膨胀性试验过程如图2-14所示。

a)填放岩石前　　　　b)填放岩石后

图 2-14　膨胀性试验过程

2）试验结果

试验结果如表2-12所示。

膨胀率试验数据　　　　　　　　　　　表 2-12

组	对照组	试验组		膨胀率(%)
1 组前	初始数据(g)	初始数据(g)	填放岩块后(g)	10.71
	284	320	362	
1 组后	280		362.5	
2 组前	初始数据(g)	初始数据(g)	填放岩块后(g)	2.52
	280	360	419.5	
2 组后	277		418	
3 组前	初始数据(g)	初始数据(g)	填放岩块后(g)	3.43
	402.5	395	447.5	
3 组后	399.2		446	

通过试验结果可以发现，炭质软岩具有较强的膨胀性，但是从整体来看，这种岩石的膨胀性有很大的差异性，通过三组炭质软岩体膨胀性试验可以得出，最大的体膨胀率为

10.71%,最小的为2.52%,推断是由于3组岩石的矿物成分和微观结构离散性较大造成的。宋庆利对小于0.5mm的炭质软岩粉样的自由膨胀率、无荷膨胀率和膨胀力以及岩块的自由膨胀率进行了测试,测试所得岩块的自由膨胀率为0.8%;而蒙脱石含量高的粉样,其膨胀率和膨胀力均较大,自由膨胀率最大为20.9%。关于膨胀性岩石的界定问题,文江泉、韩会增认为自由膨胀量>3%的为膨胀岩,3%~15%为弱膨胀岩。因此,可以界定本项目炭质软岩为弱膨胀岩。

2.2.5 点荷载强度

点荷载试验所测的岩石抗压强度,具有试验成本低、时间短、试验样品加工要求不高或不需加工以及在施工现场可随时提供数据的优点。

1)试验方法

点荷载试验是将岩石试样置于上、下两个球端圆锥状压板之间,对试样施加集中荷载,直至破坏,然后求得岩石的点荷载强度指数和强度各向异性指数,作为岩石材料强度分类的一种指标试验。岩石点荷载试验过程如图2-15所示。

a)测量岩块加载点间距　　　　b)施加荷载

图2-15　岩石点荷载试验过程

岩石的点荷载强度由式(2-2)确定,即:

$$I_s = \frac{P}{D_e^2} \tag{2-2}$$

式中:I_s——未经修正的点荷载强度指数(MPa);

　　　P——破坏荷载(N);

　　　D_e——等价岩芯等于加载点间距(mm)。

2)结果分析

根据要求准备试样 6 个,读取破坏荷载,再根据式(2-2)求其平均值,结果如表 2-13 所示。

点荷载强度试验数据　　　　　　表 2-13

样品编号	岩块加载点间距(mm)	破坏荷载(N)	点荷载强度(MPa)	单轴饱和抗压强度(MPa)
1	30.1	750	0.828	19.808
2	36.8	700	0.517	13.913
3	32.5	800	0.757	18.52
4	37.4	1500	1.072	24.042
5	45	1000	0.494	13.447
6	41.1	3200	1.894	36.843

根据国内现有测试方法和试验研究成果,岩石点荷载强度与单轴饱和抗压强度(R_C)的关系满足 $R_C = 22.82 I_s^{0.75}$,通过计算,炭质软岩原岩单轴饱和抗压强度普遍小于 30MPa,属于软岩类型,但岩石的抗压强度的离散性较大。推断是由于岩石的矿物成分和微观结构、风化程度离散性较大造成的。

2.3　本章小结

(1)结合 XRD + SEM + EDS 联合测试(识别)方法对炭质软岩原岩的化学元素、矿物组成、微观结构进行研究,炭质软岩原岩主要由石英、方解石、白云母等原生矿物组成,此外,还含有绿泥石、蒙脱石、高岭石、伊利石、芒硝等亲水矿物,其中,高岭石的含量可达 21.8%。蒙脱石、芒硝等亲水矿物对炭质软岩整体的膨胀性、崩解性有很大的影响。炭质软岩的矿物组成与风化程度有很大关系,风化程度高,黏土成分含量大。

(2)由于炭质软岩中含有一定量的钙芒硝($Na_2SO_4 \cdot CaSO_4$)、黄铁矿(FeS_2),使得炭质软岩遇水后浸出液表现为酸性,加之缺乏氮、磷等矿物元素,因此现场调查发现,即便炭质软岩风化为泥土状,植物也难以生长。

(3)炭质软岩原岩基本物理力学指标试验结果表明,炭质软岩的颗粒密度大致在 2.46~3.08g/cm³,平均值为 2.64g/cm³,块体积密度大致为 2.43~2.62g/cm³,平均值为 2.55g/cm³;炭质软岩的自由吸水率在 0.81%~1.71%,平均值为 1.12%,饱和吸水率在

0.82%~2.87%,平均值率为1.70%,总体较其他地区的炭质软岩要高。

(4)随着干湿循环次数的增加,炭质软岩崩解率逐渐增加,历经5次循环之后增加的速率放缓,但不同岩组的离散性较大。其中岩块组2、3、5历经5次循环之后,崩解基本稳定,稳定崩解率为9%~13.3%,岩块组1、4、6历经5次循环之后,崩解速率逐渐减低,但仍在持续,5次循环之后的崩解率为11.9%~22.9%,8次循环之后的崩解率为15.5%~25.4%。按照耐崩解性划分,炭质软岩基本属于中等的耐久性,易崩解~难崩解岩石。

(5)炭质软岩原岩的自由膨胀率有很大的差异性,炭质软岩原岩的膨胀率在2.52%~10.71%之间,离散性较大,界定为弱膨胀岩;炭质软岩的单轴饱和抗压强度普遍小于30MPa,属于软岩类型。

综上所述,炭质软岩的微观结构、亲水矿物、含硫矿物、灰黑色泽,是造成其在阳光及雨水作用下崩解软化快、难以生长植物的主要原因。风化程度越高岩石孔隙越大、膨胀性黏土矿物含量越高,性质越差。炭质软岩的崩解性和膨胀性离散性较大,为保证路堤填筑质量,宜采用未风化~中风化的岩石作为路堤填料。强风化~全风化炭质软岩不宜直接作为路堤填料,必须进行改良处理。

第3章 炭质软岩填料的工程特性研究

具有良好颗粒级配的填料不仅有利于压实,也有利于形成水理性质稳定的结构。但什么样的级配是良好的级配?这是一个长期困扰工程人员的问题。路堤填料的工程性质直接影响着路堤的稳定性及耐久性,研究炭质软岩填料的工程特性,对保证该种软岩填筑路堤的可行性具有重要意义。为了更好地指导路堤填筑,本章在对岩石物质成分与微观结构分析的基础之上,有针对性地取工程性质较好的中风化炭质软岩进行填料的工程特性试验。通过现场试验及室内试验研究炭质软岩做路堤填料的工程特性,在级配设计基础上,通过击实试验、CBR(承载比)试验、剪切试验、回弹模量试验等提出炭质软岩填料的路用性能指标,分析结果可以为后续评价炭质软岩的工程运用提供良好的理论基础。

3.1 炭质软岩弃渣的基本物理性质

1)弃渣的级配情况

炭质软岩材料取自云南墨临高速公路 K68+300、K70+900、K81+000 处隧道弃渣料和挖方料,对这三处填料进行筛分试验,得到颗粒级配曲线,并绘制于图3-1。

经计算,K68+300 隧道弃渣料的不均匀系数 $C_u=50$,曲率系数1.58,级配良好。试样中巨粒组土粒质量为0%,巨粒组土粒与粗粒组土粒质量之和为93.9%,粗粒土中砾粒组质量为67.6%,大于砂粒组的26.3%,细粒组含量6.1%,介于总质量的5%~15%之间,依据《公路土工试验规程》(JTG 3430—2020)属于含细粒土砾。

K70+900 处挖方料的不均匀系数 $C_u=22.5$,曲率系数2.27,级配良好。试样中巨粒组土粒质量为0%,巨粒组土粒与粗粒组土粒质量之和为97.9%,粗粒土中砾粒组质量为86.4%,大于砂粒组的11.5%,细粒组含量2.1%,依据《公路土工试验规程》(JTG 3430—2020)属于级配良好砾。

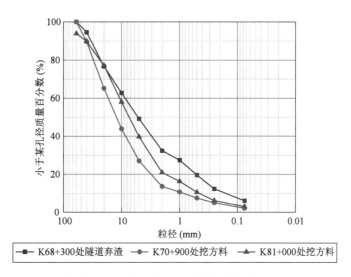

图 3-1　各料源的材料颗粒级配曲线

K81+000 处挖方料的不均匀系数 $C_u=22$,曲率系数 2.1,级配良好。试样中巨粒组土粒质量为 0%,巨粒组土粒与粗粒组土粒质量之和为 97%,粗粒土中砾粒组质量为 79.1%,大于砂粒组的 17.9%,细粒组含量 3%,依据《公路土工试验规程》(JTG 3430—2020)属于级配良好砾。

综上所示,炭质软岩填料级配良好,属于级配良好砾或含细粒土砾,填筑压实后能得到高的密实度。

2) 细颗粒的可塑性

炭质软岩填料遇水易崩解,崩解后其强度降低、结构破坏,甚至泥化。在道路运营期间,炭质软岩填料可能会在交通荷载和路基干湿循环的长期作用下完全崩解、破碎。因此,有必要对炭质软岩填料的细粒组的可塑性进行研究。

界限含水率可以较好反映土体的工程性质,液限过高的填料在工程上一般视为不良填料。填料的含水率变化会造成状态的改变,当含水率从小到大变化时,土体的状态分别表现为固态、半固态、可塑和流动状态。所谓界限含水率即为土体处于可塑状态的含水率临界值。液限 w_L 是可塑和流动的界限含水率,即可塑状态含水率的上限;塑限 w_p 为土体处于可塑状态和半固态的临界含水率,即可塑状态含水率的下限。

采用液塑限联合测定法测定试样的塑性指数,进行两次平行试验,结果如表 3-1 所示。炭质软岩细颗粒的液限为 25.5% ~ 30.0%,塑性指数为 7.8 ~ 12.0。

风化炭质软岩界限含水率试验结果统计　　　　表3-1

取样位置	液限 w_L(%)	塑限 w_p(%)	塑性指数 I_p
K68+300	25.5	16.6	8.9
K78+240	29.7	21.9	7.8
K80+200	30	18	12

《公路路基设计规范》(JTG D30—2015)规定:液限大于50%、塑性指数大于26的细粒土,不得直接作为高速公路路堤填料。塑性指数的大小与土的干缩、湿胀密切相关。通常塑性大的土,它的干缩和湿胀性也大,如钠蒙脱土,其塑性指数 $I_p=6.56$,研究表明,它的吸水率高达700%左右。

塑性指数还与土的力学强度有关。研究表明塑性指数 $I_p<10$ 的粉土和 I_p 在10左右的砂性较大的土,其力学性指标较强,压缩变形较小,变形模量较大,黏聚力较小,内摩擦角较大。而对于塑性指数较大的黏性土来说,其各项指标与 $I_p<10$ 的土有明显的差异,力学性指标偏差,所换算出的抗剪强度也偏低。

综上所述,炭质软岩细颗粒的液限和塑性指数均不超过《公路路基设计规范》(JTG D30—2015)的规定,塑性指数 I_p 在10附近。因此,在最不利的情况下,若炭质软岩填料在交通荷载和路基干湿循环的长期作用下完全崩解、破碎为细颗粒,其物理性质仍能满足规范要求。

3.2 含石率对填料工程特性的影响

3.2.1 含石率对最大干密度的影响

土石混合料由"硬质"岩块和"软质"土料组成,宏观层面上可将岩块作为"骨架",土料作为"填充体",二者之间比例不同会形成不同结构的土石混合料,根据含石率的不同,土石混合料可分为:悬浮-密实结构的"多土类"、密实-骨架结构的"中间类"、骨架-空隙结构的"多石类",三类混合料的工程特性截然不同。在研究中,习惯将土石混合料看作土(细集料)和块石(粗集料)两部分,并且根据粗集料的含量将土石混合料内部结构分为悬浮-密实、密实-骨架和骨架-空隙3类结构。

炭质软岩填料直接取自挖方边坡、隧道弃渣,其颗粒级配、粗集料、细集料含量并不均匀,所以土石混合料的最大干密度并不是唯一的。若评定填料的压实度时,不考虑粗集料、细集料的相对含量,只以一个固定最大干密度评定填料的压实度,显然是不合理的。

许多研究资料表明,土石混合料分界粒径通常在 1~5mm 处。无论是缺乏中间粒径,还是连续级配的土石混合料,它们的颗粒组成中,$d = 2 ~ 5$mm 颗粒一般都较少(对于强度低、易风化类土石混合料,细颗粒还是占有一定比例的)。在我国,习惯上用粒径 5mm 作为分界粒径,即将 <5mm 的颗粒称为细颗粒,>5mm 的颗粒称为粗颗粒,含量用 P_5 表示。大量的试验研究表明,土石混合料的工程特性主要受粗颗粒含量影响,最大粒径及级配变化的影响相对较小。因此,从工程应用时简易方便的角度,土石混合料粒径界限划为 $d = 5$mm。

因此,为了研究不同含石率状态下炭质软岩填料的最大干密度,以 5mm 作为土石混合料的分界粒径,即将 <5mm 的颗粒称为细颗粒,>5mm 的颗粒称为粗颗粒。分别选取含石率为 30%、50%、70%、85% 的填料进行最大干密度和最佳含水率试验。试验依据《公路土工试验规程》(JTG 3430—2020)进行。

根据室内击实试验得出含石率与最大干密度、最佳含水率之间的关系如图 3-2 和图 3-3 所示。

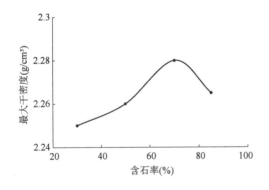 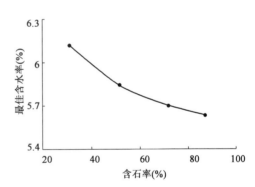

图 3-2　含石率与最大干密度关系曲线　　图 3-3　含石率与最佳含水率关系曲线

试验结果表明:随着含石率的增加,炭质软岩填料的最大干密度呈现先增大后降低的趋势,最大干密度峰值为 2.28g/cm³,对应含石率为 70%,但含石率在 30%~85% 之间,最大干密度仅相差 0.03g/cm³,说明过分提高填料的含石率对提高密实度作用不大;随着含石率的增加,炭质软岩填料的最佳含水率逐渐下降,但含石率在 30%~85% 之间,仅相差 0.8% 的含水率,说明炭质软岩填料填筑压实对水比较敏感,必须严格控制填料含水率。

3.2.2　含石率对CBR的影响

CBR值,是指试料贯入量达5mm时,单位压力对标准碎石压入相同贯入量时标准荷载强度的比值。CBR是评价路堤填筑材料承载力的方法,由美国加州公路局最先提出,反映了填料的局部抗剪强度和水稳定性,也反映了填料填筑路堤长期浸水而不破坏的能力。CBR值在国内外被广泛用于评价填料强度的指标。CBR值的大小能反映路基土和路面材料强度,CBR值越大,材料的强度越高。近几年来,随着高速公路的大力发展,路堤填料的要求也越来越高。如果把不满足CBR要求的填料直接用于填筑,在长期的车辆荷载和浸水的作用下,势必会出现翻浆、冒泥、变形沉降等危害。因此,要保证路堤良好的路用性,必须对填料的CBR进行试验研究。

1)试验方法

试验依据《公路土工试验规程》(JTG 3430—2020)进行,现根据最大干密度试验得到的最佳含水率配制土样,然后采用电动击实仪击实,重型击实-Ⅱ法。击实后的试验泡水4昼夜,测量试样的膨胀率、吸水率、CBR。

为研究含石率对炭质软岩填料CBR的影响,分别配置30%、50%、70%含石率的炭质软岩填料,每种含石率下的填料分别按各自的最佳含水率制备6个试件,掺水将试料充分拌匀后装入密闭塑料口袋内浸润,闷料24h。每种含石率下的填料分别按照30击和98击进行不同锤击数的成型试件,每组试件3个,试验步骤如图3-4所示。

图3-4　炭质软岩填料CBR试验步骤

2)不同含石率、不同密实度下填料的膨胀率

试验得到不同含石率、不同密实度下填料的膨胀率情况如图3-5所示。

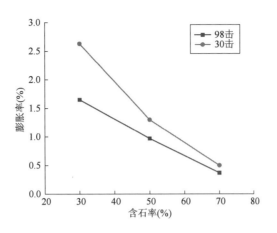

图 3-5　不同含石率、不同密实度下填料的膨胀率

试验结果表明：①各含石率下填料的膨胀率值，98 击均小于 30 击。说明填料的密实度越大，填料的膨胀率越小，因此提高填料的压实度有助于减小路基的吸湿膨胀。②随着含石率的提高，填料的膨胀率逐渐降低，说明含石率低的填料细颗粒多，吸水后体积膨胀较大。因此，应采取措施减小炭质软岩填料的崩解，避免水分渗入引起路基膨胀。

3）不同含石率、不同密实度下填料的吸水量

试验得到不同含石率、不同密实度下填料的吸水量情况如图 3-6 所示。

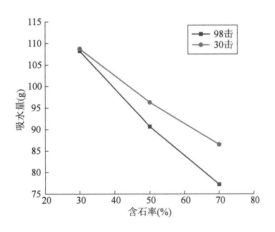

图 3-6　不同含石率、不同密实度下填料的吸水量

试验结果表明：①各含石率下填料的吸水量，98 击均小于 30 击。说明填料的密实度越大，填料的吸水量越小，因此提高填料的压实度有助于减小路基水分的渗入。②随着含石率的提高，填料的吸水量逐渐降低，说明含石率低的填料细颗粒多，吸水能力强，应采取适当的路基结构措施减少水分入渗。

4)不同含石率、不同密实度下填料的 CBR 试验结果

试验得到的不同含石率、不同密实度下的 CBR 试验结果如图 3-7 所示。

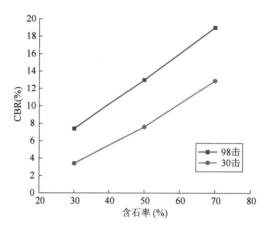

图 3-7　不同含石率、不同密实度下的 CBR 试验结果

试验结果表明:①各含石率下填料的 CBR 值,98 击均大于 30 击。这说明填料的密实度越大,承载比 CBR 越高。②随着含石率的提高,填料的 CBR 值提高,CBR 值与含石率近似呈线性关系。③各含石率下填料的 CBR 值均满足《公路路基设计规范》(JTG D30—2015)关于高速和一级路下路堤填料 CBR 下限值的要求(CBR >3%)。

以上试验表明,提高填料的含石率和压实度可显著提高填料的路用性能和稳定性,应采取适当的路基结构措施减少炭质软岩填料的崩解,避免水分渗入造成路基强度下降。

3.3　填料级配对击实特性的影响

3.3.1　级配设计

前期研究结果显示,70% 含石率下的填料具有较好的工程性质,基于此,课题组引入最大密实度理论中的 N 法进行级配设计,控制含石率为 70%(粒径大于 >5mm),最大粒径取 60mm。在 Talbol 指数 $n = 0.3 \sim 0.7$ 范围内,经不断试算,确定了两条基于 N 法的级配曲线,分别为级配 A 和级配 B。

N 法的计算如式(3-1)所示:

$$p_i = \left(\frac{D_i}{D_{\max}}\right)^n \tag{3-1}$$

式中：p_i——集料颗粒在筛孔孔径 D_i 上的通过百分含量(%)；

　　　D_i——筛孔孔径(mm)；

　　　i——特定筛孔；

　　　$D_{\max}$——集料的最大粒径(mm)；

　　　n——形状系数。

两种级配方案如表 3-2 所示。

级配方案　　　　　　表 3-2

粒径 (mm)	级配 A		级配 B	
	小于该孔径土质量 百分比(%)	粒组含量 (%)	小于该孔径土质量 百分比(%)	粒组含量 (%)
60	100		100	
40	82.1	17.9	90.8	9.2
20	58.7	23.4	68.1	22.7
10	41.9	16.8	46.8	21.3
5	30	11.9	30	16.8
2	19.2	10.8	15.6	14.4
0.075	3.9	15.3	2.0	13.6

A、B 两种级配虽然含石率相同(粒径大于 >5mm)，但级配 A 在 20~60mm 的粗砾组含量为 41.3%，级配 B 在 20~60mm 的粗砾组含量为 31.9%，级配 A 相对级配 B 粗砾组含量较多，也就是大粒径多一些，但 5~20mm 的中砾组含量较级配 B 少。

两种方案级配曲线如图 3-8 所示。

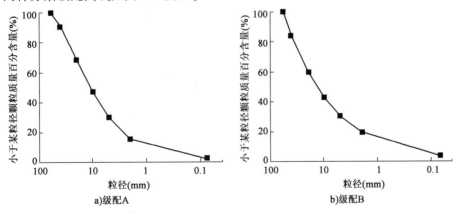

图 3-8　两种方案级配曲线

由图 3-8 可知,级配 A:$d_{10} = 0.49\text{mm}$,$d_{30} = 5\text{mm}$,$d_{60} = 18.5\text{mm}$;级配 B:$d_{10} = 0.35\text{mm}$,$d_{30} = 5\text{mm}$,$d_{60} = 24\text{mm}$。不均匀系数 $C_u = d_{60}/d_{10}$,曲率系数 $C_c = d_{30}^2/(d_{60} \times d_{10})$。两种方案的不均匀系数及曲率系数如表 3-3 所示。

不同方案的不均匀系数及曲率系数　　　　表 3-3

方案	不均匀系数 C_u	曲率系数 C_c
级配 A	37.8	2.81
级配 B	68.6	2.98

由表 3-3 中的结果数据可知,两种级配方案 C_u 均大于 5,C_c 均在 1~3 之间,说明粗颗粒间被细颗粒填充密实。经过验证,以 N 法为依据所设计的两种配比方案都属于级配良好,因此所设计的两个级配方案是可行的。

3.3.2　填料的击实特性分析

利用振动击实试验得到所提出两种级配的最佳含水率,再对最佳含水率状态下的试样进行振动击实试验,研究振动击实前后粒径级配变化情况。

1)试验装置

振动击实仪,振动电机功率:4kW,振动频率 28~30Hz 可调,静压力 1900N,振动时间 0~10min 可调,试验过程根据规范《工程岩体试验方法标准》(GB/T 50266—2013)进行。试验过程如图 3-9 所示。

a)振动击实仪　　　b)测量深度

图 3-9　振动击实试验过程

2)结果分析

(1)含水率对填料干密度的影响。

将试验结果进行汇总,如图 3-10 所示。

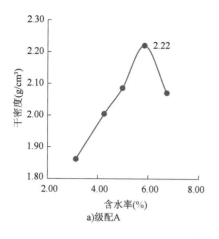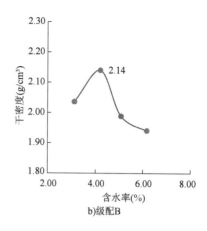

图 3-10　干密度-含水率关系曲线

通过振动击实试验，得到级配 A 最佳含水率为 5.85%，最大干密度为 2.22g/cm³；级配 B 最佳含水率为 4.21%，最大干密度为 2.14g/cm³。级配 A 的最大干密度要大于级配 B 的最大干密度。随着含水率的增大，级配 A 和级配 B 的干密度先增大后减小。

（2）击实前后填料的级配变化特征。

利用振动击实试验得到级配 A 和级配 B 的最佳含水率后，再次配置最佳含水率状态下的土样并进行振动击实试验，观察振动击实前后粒径级配变化情况。试验结果如图 3-11 所示。

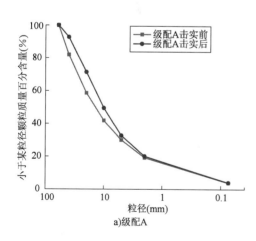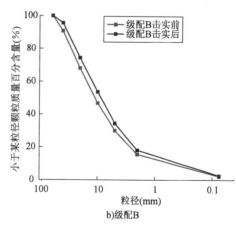

图 3-11　击实试验前后粒径级配变化

通过击实前后级配变化分析，发现在振动击实功的作用下，20~60mm 的颗粒发生较多的破碎，使较小粒径颗粒含量增多，且主要增加在 5~20mm 粒径之间；另外级配 A 在 0.075~2mm 粒径范围内增加的细颗粒含量小于级配 B，也就是破碎率较低。

3.4 干湿循环条件下填料的 CBR

3.4.1 试验装置

采用万能试验机(图 3-12)进行 CBR 试验。万能试验机主要由液压动力源、Test Star Ⅱ$_m$ 控制系统和荷载单元等部分组成。该设备是由计算机控制的电液伺服加载仪器,可以由计算机精确控制并能自动采集变形数据。

图 3-12 万能试验机

3.4.2 试验方案

对级配 A、级配 B 分别按照各自最佳含水率配置六组 6kg 试样,闷料一夜备用。分别取出级配 A、级配 B 的一组试件进行常规贯入度试验。剩下的五组试件分别进行 1~5 次干湿循环的 CBR 试验。规定在自然条件下晾干 4d,浸泡 1d 为一个干湿循环。然后对这两种级配剩余的五组试件分别进行 1~5 次干湿循环 CBR 承载比试验,如图 3-13 所示。

a)自然条件下晾干4d　　　　　　　b)浸泡1d

图 3-13　CBR 干湿循环试验过程

3.4.3　试验结果及分析

根据式(3-2)计算贯入量为 5mm 时的承载比,其结果如表 3-4 所示。

$$\text{CBR} = \frac{p}{10500} \times 100 \tag{3-2}$$

式中:CBR——承载比(％);

　　　p——单位压力(kPa)。

CBR 干湿循环试验数据　　　　　　表 3-4

干湿循环次数	级配 A		级配 B	
	荷载(kN)	贯入量为 5mm CBR 值(％)	荷载(kN)	贯入量为 5mm CBR 值(％)
0	5.67	28	4.94	24
1	5.46	26	4.52	22
2	5.15	25	3.78	18
3	4.52	22	2.31	11
4	4.2	20	1.89	9
5	2.21	11	1.05	5

绘制不同级配下填料 CBR 值随干湿循环次数的变化曲线,如图 3-14 所示。分析可知,①干湿循环前,级配 A 填料的 CBR 值为 28％,级配 B 为 24％,随着干湿循环次数的增加,两种填料的 CBR 值逐渐减小,5 次干湿循环结束之后级配 A 填料的 CBR 值为 11％,级配 B 为 5％,均满足《公路路基设计规范》(JTG D30—2015)对下路堤填料最小 CBR 值的

要求。②从曲线斜率可以看出,级配 B 的 CBR 值衰减速率较级配 A 快,4 次干湿循环后,级配 A 填料的 CBR 值为级配 B 的 2.2 倍。③级配 A 的 CBR 值总是大于级配 B,说明填料中 20~60mm 的粗砾组可显著提高填料的水稳定性能,进而提高路堤的耐久性。

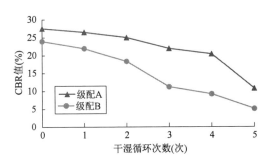

图 3-14　不同干湿循环作用下 CBR 值变化

3.5　填料级配对回弹模量的影响

3.5.1　试验装置

采用课题组自行设计的室内小型承载板测试装置进行回弹模量试验,装置主要由试筒模型、加载设备、变形采集装置三部分组成,其中试筒直径为 60cm,高度为 50cm,刚性承载板直径为 20cm。试验装置如图 3-15 所示。

图 3-15　试验装置

3.5.2 试验方案

试样的压实度为94%,级配A、级配B都在其最佳含水率下填筑,将配好的集料分四次填筑模型筒,填筑模型筒时,采用控制体积的方法控制填料的质量,每层填筑质量按式(3-3)计算,为了达到压实要求,将计算好的炭质软岩填料压实到相应的体积,具体填筑参数如表3-5所示。

$$M = \rho_{dmax} \cdot V \cdot \gamma \tag{3-3}$$

式中:M——各层所需填料的质量(kg);
　　ρ_{dmax}——最大干密度(g/cm³);
　　V——填筑层体积(cm³);
　　γ——压实度(%)。

不同级配填料的填筑参数　　　　表3-5

参数	级配A	级配B
最大干密度(g/cm³)	2.22	2.14
最佳含水率(%)	4.21	5.81
每层填筑质量(kg)	73.7	71.5
总质量(kg)	294.9	284.2

填筑完成后,在土柱的中心放上承载板,并调平承载板,利用千斤顶逐级加载卸载,数显仪能够显示加载大小,荷载小于0.1MPa时,每级增加0.02MPa荷载,超过0.1MPa以后每级增加0.04MPa荷载。读取百分表读数之前需要在当前荷载下稳定1min,记录读数后,卸下荷载,卸载后1min再次进行读数。通过承载板对炭质软岩填料逐级加载、卸载,测量出每级荷载作用下相应填料的回弹变形值,并计算求得填料的回弹模量。回弹模量的具体计算公式见式(3-4):

$$E_0 = \frac{\pi D}{4} \cdot \frac{\sum p_i}{\sum L_i}(1 - \mu_0^2) \tag{3-4}$$

式中:E_0——土基回弹模量(MPa);
　　μ_0——土的泊松比,根据相关路面设计规范规定选用,此处取$\mu_0 = 0.35$;
　　L_i——结束试验前的各级实测回弹变形值(cm);
　　p_i——对应于L_i的各级压力值(MPa);
　　D——承载板直径(cm)。

3.5.3 试验结果与分析

各方案回弹变形 l 与单位压力 p 关系曲线如图 3-16 所示,图 3-17 为不同级配条件下的回弹模量值。

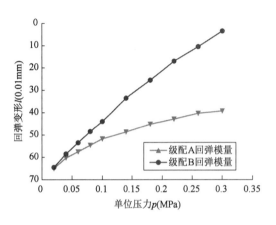

图 3-16 各方案回弹变形 l 与单位压力 p 关系

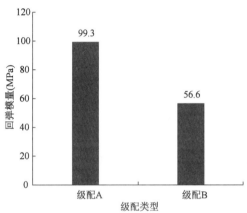

图 3-17 不同级配条件下的回弹模量值

分析可知,级配 A 填料的回弹模量达到 99.3MPa,级配 B 填料的回弹模量只有 56.6MPa,级配 A 填料相较级配 B 填料的强度高得多,抗变形能力更强,说明填料中 20~60mm 的粗砾组可显著提高填料的强度和抗变形能力。

3.6 本章小结

为了更好地指导路堤填筑使用,在对岩石物质成分与微观结构进行分析的基础上,本章有针对性地取工程性质较好的中风化炭质软岩进行填料的工程特性试验,得到如下结论。

(1)炭质软岩路堑挖方填料天然级配良好,属于级配良好砾或含细粒土砾。细颗粒塑性指数 I_p 在 10 左右,即便完全崩解、破碎为细颗粒,其物理性质能仍满足《公路路基设计规范》(JTG D30—2015)的要求。

(2)炭质软岩填料的最大干密度随含石率的增加先增大后降低,但含石率(粒径>5mm)在 30%~85% 之间最大干密度仅相差 0.03g/cm³,说明过分提高填料的含石率对提高密实度作用不大。填料的承载比 CBR 值与含石率近似呈线性增长关系,提高填料的含石率和压实度可显著提高填料的路用性能和稳定性。

(3)通过引入最大密实度理论中的 N 法进行级配设计,确定了两种基于 N 法的级配填料 A、B,级配 A 相对级配 B 含有的 20~60mm 粗砾组较多。通过振动击实试验,得到级配 A 最佳含水率为 5.85%,最大干密度为 2.22g/cm³;级配 B 最佳含水率为 4.21%,最大干密度为 2.14g/cm³。在振动击实功的作用下,20~60mm 的颗粒发生较多的破碎,使小粒径颗粒含量增多,且主要增加在 5~20mm 粒径之间。

(4)干湿循环前,级配 A 填料的 CBR 值为 28%,级配 B 为 24%,随着干湿循环次数的增加,两种填料的 CBR 值逐渐减小,5 次干湿循环结束之后级配 A 填料的 CBR 值为 11%,级配 B 为 5%,均满足《公路路基设计规范》(JTG D30—2015)对下路堤填料最小 CBR 值的要求。从曲线斜率可以看出,级配 B 的 CBR 值衰减速率较级配 A 快,4 次干湿循环后,级配 A 填料的 CBR 值为级配 B 的 2.2 倍。级配 A 的 CBR 值总是大于级配 B,说明填料中 20~60mm 的粗砾组可显著提高填料的水稳定性能,进而提高路堤的耐久性。

(5)利用自制的室内小型承载板测试装置进行回弹模量试验。级配 A 填料的回弹模量达到 99.3MPa,级配 B 填料的回弹模量只有 56.6MPa,级配 A 填料相较级配 B 填料的强度高得多,抗变形能力更强,说明填料中 20~60mm 的粗砾组可显著提高填料的强度和抗变形能力。

综上所述,中风化炭质软岩物理力学性质较为优良,经历 5 次干湿循环后的强度虽然有较大的衰减,但仍然满足高速、一级公路下路堤的技术要求。使用中宜提高填料中粗颗粒特别是粗砾组(20~60mm)的含量,以增强填料的抗剪强度、水稳定性、CBR、耐久性和抗变形能力,同时应采取适宜的措施防止浸入路堤。

第4章 炭质软岩填料路堤湿化特性研究

通过室内及现场试验分析表明:炭质软岩填料的物理力学性质及其路用性能受水的影响很大,强度衰减也很大。同时,炭质软岩填料路堤浸水后,在填料的自重和荷载作用下,炭质软岩会发生崩解、软化等现象,填料中粗粒料的破碎机重新排列,从而使路堤产生蠕变变形。在实际工程中研究路堤填料的蠕变特性对于控制路堤的长期变形具有特别重要的意义。本章主要采用大型直接剪切试验机在不同含水率、不同应力水平下进行室内试验(压缩试验、蠕变试验),研究炭质软岩填料的蠕变特性,建立了工程现场实体模型,进行了路堤湿度与沉降观测。

4.1 荷载作用下路堤的湿化变形特性

本节通过室内试验从宏观角度对炭质软岩作为路基填料进行了研究。蠕变变形特性是引起炭质软岩填筑路基长期变形的重要因素,其中含水率和所受应力对蠕变有着重要的影响,故本节采用大型直接剪切试验机在不同含水率、不同应力水平下进行压缩试验、蠕变试验,进而分析炭质软岩填筑路堤的蠕变变形特性。

4.1.1 试验装置

填料的压缩特性研究借助 ZJ30-2G 型直接剪切试验机的竖向固结压缩功能实现。该设备是用于测定最大粒径为 60mm 的粗颗粒土的抗剪强度和变形的专用设备,试验装置如图 4-1 所示。ZJ30-2G 型直剪仪由剪切装置、操作平台、油压系统和数据采集系统组成。其中,剪切装置由法向和水平加载系统、上下剪切盒以及量测系统组成,由于本试验是压缩试验,试验过程中只采用法向加载系统,圆形剪切盒的尺寸为 300mm × 300mm (直径×高),开缝高度可调。该设备的加载方式为应力式加载,加载速度为 0.02 ~

1MPa/min，液压无级调速。

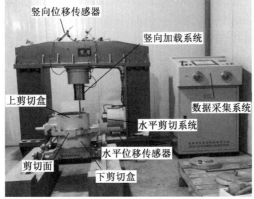

图 4-1　压缩(剪切)试验装置

该大型直剪仪为封闭框架结构，不需要单独安装反力装置，框架内部力将抵消垂向压力与水平作用力，这种结构与传统大型直剪仪相比，稳定性及安全性更高。仪器采用的荷载传感器及高精度位移量测系统可以对试验结果进行全自动采集，可有效提高工作效率和精确度。

4.1.2　压缩特性

1) 试验方案

炭质软岩自身的破裂面较多，且易崩解。在外力及水分的作用下填料的级配是会随机变化的。因此级配设计的理念是采用炭质软岩的天然级配。但为了使试验结果更加准确，故同时采用第三章中提到的最大密实度理论 N 法对炭质软岩的级配进行调整设计。

采用级配 A 和级配 B 配制的填料，分别配置最佳含水率和饱和含水率状态下的试样，对每个试样分级加载，荷载等级分别为 141.5kPa、283.1kPa、424.6kPa、566.2kPa，当每级荷载加载后每 10min 变形量小于 0.5mm 即为稳定，进行下一级加载。所用填料的基本参数及试验方案如表 4-1 所示。

压缩试验方案　　　　　　　　　　表 4-1

参数	级配 A	级配 B	荷载分级 σ_n (kPa)
最大干密度 (g/cm³)	2.22	2.14	141.5、283.1 424.6、566.2
最佳含水率 (%)	5.85	4.24	
饱和含水率 (%)	30	29	

2)试验结果及分析

(1)压缩变形特性。

图 4-2 为不同方案条件下的压缩变形量随时间的变化曲线。分析可知,在不同含水率状态下,级配 A 和级配 B 在加载同等级荷载情况下的变形量和变形稳定时间稍有不同,同级荷载下试件的变形量随含水率的增大而增大。当含水率相同时,级配 A 填料的变形量要小于级配 B 的变形量;特别是在浸水饱和状态下,级配 B 最终变形量要比级配 A 的变形量大 8.07%,两者的差距最为明显,这是由于在饱和状态下,级配 A 的最大干密度大于级配 B 下的最大干密度值,导致级配 B 较级配 A 更易产生压缩变形的现象。因此,在最佳含水率状态下,炭质软岩填料使用天然的级配 A 进行填筑,可有效降低对路基的压缩变形破坏。

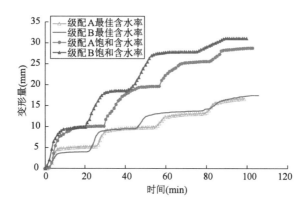

图 4-2　各方案压缩变形量与时间关系

(2)试样孔隙比 e 与轴向应力 p 的关系。

$e-p$ 曲线是以不同级别荷载为横坐标、土体的孔隙比为纵坐标的曲线,其曲线的斜率大小可衡量土体的压缩性,斜率越小,该土体越容易被压缩,斜率越大,该土体则越难变形。

利用式(4-1)及式(4-2)对不同荷载下的试样孔隙比进行计算分析,结果如图 4-3 所示。分析可知,不同试样的孔隙比均随着轴向应力的增大而减小,且前期减小速率较快,后期速率较为平缓。这是由于初始试样较为松散,孔隙比较大,比较容易压缩;随着继续加载,试样被压得越来越密实,孔隙比逐渐变小且斜率越来越小。同一级配条件下,饱和状态试件的孔隙比约为最佳含水率的 1.3 倍,导致填料在受到上部自重及车辆荷载挤压变形的同时,填料中的水会渗流到周边土体,造成周边土体的抗剪强度降低,进而导致周边填料的沉降增加,使得路基产生破坏。因此在填筑过程中要保证填料的含水率,并及时进行排水;相同含水率状态下,级配 B 的孔隙比约为级配 A 的 2 倍,说明级配 A 填料更密实。

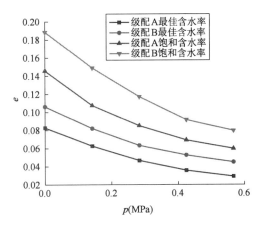

图 4-3 各方案孔隙比 e 与轴向应力 p 关系

$$e_0 = \frac{\rho_s(1+w_0)}{\rho_0} - 1 \tag{4-1}$$

式中：e_0——试样初始孔隙比；

ρ_s——土粒密度（g/cm^3）；

w_0——试验开始时试样的含水率（%）；

ρ_0——试验开始时试样的密度（g/cm^3）。

$$e_i = e_0 - \frac{\Delta H_i}{H_0}(1+e_0) \tag{4-2}$$

式中：e_i——第 i 级荷载下试样变形稳定后的孔隙比；

ΔH_i——第 i 级荷载下试样稳定后总压缩变形（mm）；

H_0——试样的初始高度（mm）。

(3)试样压缩系数 a_v 与轴向应力 p 的关系。

同理，采用式(4-3)对不同轴向荷载下试样的压缩系数 a_v 进行计算，并将压缩系数 a_v 与轴向应力 p 的关系曲线绘制于图 4-4。

$$a_v = \frac{e_i - e_{i+1}}{p_{i+1} - p_i} \tag{4-3}$$

式中：a_v——荷载从 i 级到 $i+1$ 级时试样的压缩系数（MPa^{-1}）；

e_i——第 i 级荷载下试样变形稳定后的孔隙比；

p_i——第 i 级荷载（kPa）。

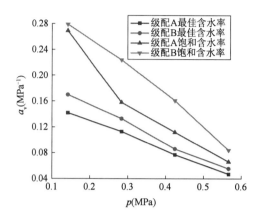

图 4-4　各方案压缩系数 a_v 与轴向应力 p 关系

由图 4-4 可知,试样的压缩系数随着轴向荷载的增大而逐渐减小,说明试样前期的压缩系数大,可压缩性高,后期的压缩系数小,可压缩性低。且级配 A 的压缩系数在相同含水率状态下小于级配 B 的压缩系数,说明级配 A 填料压缩性最低,填料更密实。

(4)试样压缩模量 E_s 与轴向应力 p 的关系。

采用式(4-4)计算不同方案下试样的压缩模量 E_s,并将压缩模量 E_s 随轴向应力 p 的变化关系曲线绘制于图 4-5。

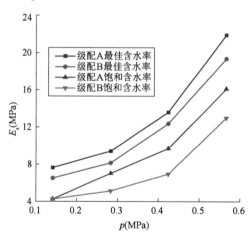

图 4-5　各方案压缩模量 E_s 与轴向应力 p 关系

$$E_{si} = \frac{1 + e_i}{a_v} \tag{4-4}$$

式中:E_{si}——荷载从 i 级到 $i+1$ 级时试样的压缩模量;

e_i——第 i 级荷载下试样变形稳定后的孔隙比;

a_v——荷载从 i 级到 $i+1$ 级时试样的压缩系数(MPa^{-1})。

分析图 4-5 可知,侧限条件下试样的压缩模量随着轴向荷载的增大逐渐增大,这与压缩系数正好相反,且级配 A 的压缩模量在相同含水率状态下大于级配 B,最大能达到 22MPa。因为前期试样较松散,在荷载的作用下,试样的孔隙比逐渐减小,试样变得更加密实,可压缩性越来越小。因此级配 A 的抗压缩性比级配 B 好。另外,各方案下的压缩模量均在轴向应力较小时增长缓慢,应力较大时增长快速,这说明级配与含水率对填料压缩模量的作用随着轴向应力的增大而影响明显。

4.1.3 压缩蠕变特性

蠕变变形是引起路堤变形的重要组成部分,在实际工程中研究路堤填料的蠕变特性对于控制路堤的长期变形具有十分重要的意义。本节通过室内试验分析不同含水率和加载条件下炭质软岩作为路堤填料的蠕变特性。

1) 试验装置

采用与压缩试验相同的直接剪切试验机进行压缩蠕变试验,在此不再赘述。

2) 试样制备

按照级配 A 曲线配制每一试件用料,然后加水配制一定的含水率,焖料 24h 使之含水均匀,最后通过标准击实制取试件。击实采用标准击实,试件分三层填筑,每层击实 98 下,使之更吻合实际工程的压实标准。试件的尺寸采用直径为 30cm,高为 30cm 的圆柱形。

3) 试验方案

(1) 加载方式。

在研究蠕变的试验中加载方式有多种,常见的主要有以下几种:单级加载、应力水平逐级加载和等应力比加载等(图 4-6)。单级加载简而言之就是每个试件只测定一个应力水平下的蠕变,也就是按照试验要求施加一定的应力,待蠕变达到稳定后,重新制备试验,进行下一级应力水平的蠕变试验。每个试件只测试在某一应力下的蠕变。

为了获取更多的试验资料,本节采用的是分级加载蠕变试验。根据沈珠江等的研究每级荷载维持 7d 就可以达到稳定的蠕变,对于稳定标准的确定认为应变速率不大于 0.01mm/d 时即达到剪切蠕变进入稳定状态。应变变形包含弹塑性变形和蠕变变形,很多学者将 1h 的变形作为两种变形的分界点,故在加载 1h 后开始读数并记录数据作为初始蠕变。

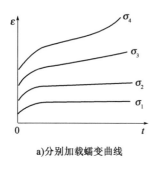
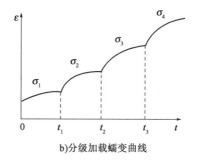

a)分别加载蠕变曲线　　　　　　　b)分级加载蠕变曲线

图 4-6　不同加载方式下的蠕变曲线

(2)蠕变试验方案。

针对级配 A 下的炭质软岩填料,分别配置最佳含水率和饱和含水率状态下的试样。在饱和含水率($w=30\%$)状态下,进行 3 级荷载加载(141.5、212.2、311.3kPa);在最佳含水率($w=5.85\%$)状态下,进行 6 级荷载加载(141.5、212.2、254.7、297.2、353.8、396.2kPa)。选择分级加载方式,对每个试样分级加载,当每级荷载每一小时变形量小于0.01mm 即为稳定,进行下一级加载。蠕变试样方案如表 4-2 所示。

蠕变试验方案　　　　　　　　表 4-2

参数		级配 A
最大干密度(g/cm^3)		2.22
最佳含水率(%)		5.85
饱和含水率(%)		30
荷载分级 σ_n(kPa)	最佳含水率	141.5、212.2、254.7、297.2、353.8、396.2
	饱和含水率	141.5、212.2、311.3

4)试验结果及分析

(1)填料的蠕变变形特性。

图 4-7 为不同含水率条件下试样蠕变累积变形量随时间的变化曲线。由图 4-7a)可知,当达到稳定条件时,浸水饱和条件下试样最大的变形量为 19.767mm,而且随着荷载等级的逐渐增大,累积变形量逐渐趋于平缓状态,说明炭质软岩试件的蠕变类型属于衰减型蠕变。因为填料在荷载作用下逐渐被压密,压缩空间缩小,填料抗压缩变形的能力增大。另外,当外界应力增加时,试样的破碎程度也增加,导致试样变得松弛,从而使试样产生更大的蠕变。

根据图 4-7b)可知,加载初期蠕变量增加迅速,增长速率较浸水饱和状态下的增长速率大。在一定的分级荷载下,随时间的推移蠕变速率逐渐减小,变形量几乎保持不变时进入下一级荷载。当达到最终稳定状态时,最佳含水率条件下试样最大的累积变形量为8.933mm。虽然最佳含水率状态下施加的荷载大于浸水饱和状态，但是产生的变形却小于浸水饱和状态。说明湿化状态下，炭质软岩填料更容易受水分的影响而产生蠕变变形，而含水率对炭质软岩填料应变的影响体现在强度和干密度。一方面，炭质软岩具有易风化和易崩解的特性，在潮湿或浸水环境下受其影响更大，从而导致填料强度衰减、软化系数减小；另一方面，含水率会影响炭质软岩填料的干密度。干密度越大，密实程度也就越大，在相同应力条件下产生的应变就越小。

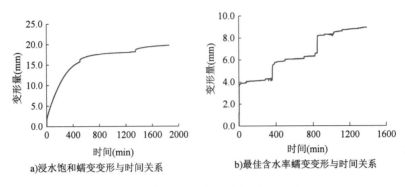

a) 浸水饱和蠕变变形与时间关系　　　　b) 最佳含水率蠕变变形与时间关系

图 4-7　试样蠕变变形量与时间关系

图 4-8 为不同含水率下试验达到稳定状态时的应力-应变曲线，由图 4-8 可知，含水率对应变的影响十分显著，相同荷载强度下，浸水饱和状态下试样的最大应变值为最佳含水率状态应变的 4.37 倍。另外，随着荷载的增大，应变不断增大。应力水平较低时，炭质软岩强度虽然受含水率影响，但不至于产生大量的崩解破碎，应变变化较为缓慢，产生的蠕变也较小；随着应力的增大，应变增长速率明显加快。应力较大时，强度和干密度对于填料应变的影响增加，炭质软岩强度降低，会发生崩解，从而导致蠕变量也比较大。

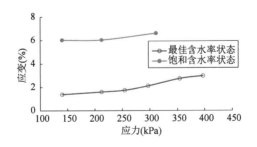

图 4-8　不同含水率下的应力-应变曲线

(2) 蠕变试验前后颗粒的破碎情况。

图 4-9 反映了压缩蠕变试验前后填料中颗粒的破碎情况，分析可知，压缩蠕变试验前后填料的级配发生了较大的改变。其中，炭质软岩的大颗粒发生了破碎，主要集中在 10~60mm 的粒径，导致 0.075~10mm 粒径的颗粒含量增多。而且浸水饱和

的试件中大粒径的破坏程度比最佳含水率条件的试件更为明显。说明相比最佳含水率状态下的试件,饱和水状态下的炭质软岩强度会大幅降低,崩解能力增强,抵抗正应力的能力下降。

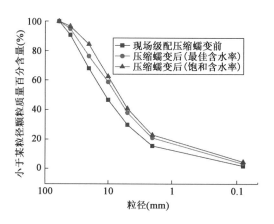

图 4-9 蠕变试验前后填料中颗粒的破碎情况

路堤填料的蠕变是一个长期过程,通过对试样沉降变形量进行监测,发现水分对炭质软岩填料的蠕变特性有重大影响,建议在施工中应制定特殊的施工工艺确保充分压实,确保路堤本身不产生崩解沉陷病害,如果不能则必须对路堤作外包封水处理。

4.2 浸水前后填料的抗剪强度衰减特性

4.2.1 试验方案

填料的压缩特性研究借助 ZJ30-2G 型直接剪切试验机的竖向固结压缩功能实现。为了分析不同级配、不同含水率状态下炭质软岩的抗剪强度特性的影响,本节对级配 A、级配 B 两种级配分别在饱和状态、最佳含水率状态下填料的抗剪强度进行了测试,大型直剪试验方案如表 4-3 所示。

大型直剪试验方案　　　表 4-3

参数	级配 A	级配 B	正应力 σ_n(kPa)
最大干密度(g/cm³)	2.22	2.14	141.5、283.1、424.6、566.2
最佳含水率(%)	5.85	4.24	
饱和含水率(%)	30	29	

将配制好的试样装入直接剪切试验机中,按照方案进行垂直压力的施加,当加载完成后试样沉降量较小且稳定时,认为竖向加载完成。接着开始水平剪切试验,当剪切破坏变形量达到10%~15%的试样直径(300mm),即30~45mm左右时,认为试样已剪切破坏。直剪试验过程如图4-10所示。

图 4-10 直剪试验过程

4.2.2 试验结果与分析

对不同方案条件下的试验数据进行收集整理,得到剪应力与水平位移的关系曲线,如图4-11所示。分析可知,填料的剪应力-水平位移曲线大致可分为三个阶段:线性变形阶段(初始剪切阶段)、初始屈服阶段(局部剪切阶段)和稳定或硬化阶段(剪切破坏阶段)。相同条件下,填料的剪应力随着正应力的增加而增大。

对于直剪试验得到的剪应力与水平位移曲线见图4-11a)、c)、d),除了级配B浸水饱和状态,其余状态下的曲线关系峰值并不明显,均表现出较为明显的应变硬化特性。

由图 4-11b)可知,随着正应力的增大,级配 B 浸水饱和状态的曲线逐渐表现为应变软化型,此时填料已经发生剪切破坏。此外,正应力越大,剪应力也随之增大。在相同含水率下,级配 B 下的试样剪应力小于级配 A;在相同级配条件下,含水率越高,试样的剪应力越小。

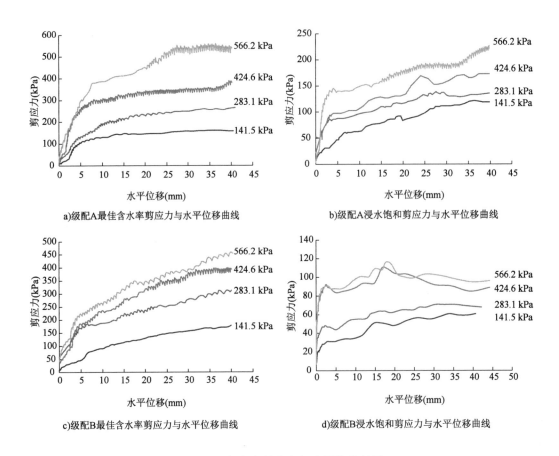

a)级配A最佳含水率剪应力与水平位移曲线

b)级配A浸水饱和剪应力与水平位移曲线

c)级配B最佳含水率剪应力与水平位移曲线

d)级配B浸水饱和剪应力与水平位移曲线

图 4-11 各方案剪应力与水平位移关系

试样的抗剪强度可用摩尔-库仑强度准则表示[式(4-5)],不同含水率状态、不同正应力下的抗剪强度如表 4-4 所示,不同级配抗剪强度线形拟合曲线如图 4-12 所示。

$$\tau_f = \sigma \tan\varphi + c \tag{4-5}$$

式中:τ_f——抗剪强度(MPa);

　　　σ——破坏面上的垂直压应力(MPa);

　　　φ——内摩擦角(°);

　　　c——黏聚力(MPa)。

抗剪强度及其参数对比 表 4-4

级配		抗剪强度(kPa)				等效黏聚力 c(kPa)	内摩擦角 φ(°)
		$\sigma=141.5$	$\sigma=283.1$	$\sigma=424.6$	$\sigma=566.2$		
级配 A	最佳含水率	206	351	428	559	102.04	38.7
级配 B		178.28	312.5	382.13	454.37	107.37	32.4
级配 A	饱和含水率	121.69	138.67	172.9	230.65	75.72	14.3
级配 B		60.85	68	109	116	36.86	8.3

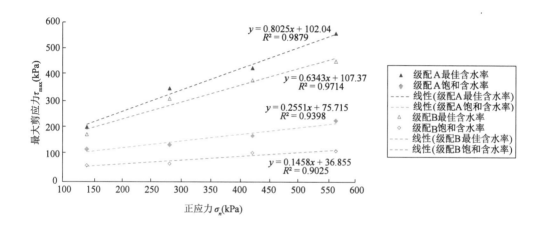

图 4-12 不同级配抗剪强度线形拟合曲线

由上述结果可得，①最佳含水率状态下，炭质软岩填料的黏聚力 c 值在 100kPa 左右，内摩擦角大约为 32°~38°。②浸水饱和状态下，炭质软岩填料的黏聚力 c 值在骤降为 36~75kPa，较浸水前衰减 26%~66%，内摩擦角骤降为 8°~14°，较浸水前衰减 63%~74%。③最佳含水率状态下级配 A 的抗剪强度参数略大于级配 B，但饱水状态下级配 A 的抗剪强度参数约为级配 B 抗剪强度参数的 2 倍，说明填料中 20~60mm 的粗砾组含量的提高可显著增强填料的抗剪性能，进而提高路堤的整体稳定性。

上述试验表明，试验填料浸水后应考虑抗剪强度的折减，黏聚力 c 折减系数可取 0.4~0.7，内摩擦角 φ 折减系数可取 0.3~0.4。

4.3 路堤浸水回弹模量衰减特性

回弹模量是路基抗压强度的指标,指路基在受到竖向荷载的作用时,在弹性变形的过程中抵抗变形的性能,数值为产生的应力和回弹应变的比值。路堤在运营过程中主要承受两个方面的荷载,一是自身的重力,二是自上而下的行车荷载。动荷载对路堤反复施加荷载的过程中,路堤的形变分为弹性变形和塑性变形,弹性变形可以立刻恢复,而塑性变形在长久的运营过程中逐渐累积,最终导致路面结构发生破坏从而影响行车。

前述研究表明,炭质软岩填料的物理力学性质及其路用性能受水的影响均很强烈。目前,关于填料湿化变形的研究多是通过室内试验的手段获取的,与实体路堤相比尺寸偏小、填筑压实工艺不同。为了反映浸水前后路堤强度、刚度和稳定性的变化,依托工程现场填筑试验路段,进行现场承载板测试。

4.3.1 试验方案

试验段路堤填料采用隧道开挖产生的岩炭质软岩,用于下路堤填筑。根据室内试验结果,此处填料含石率约70%(以大于5mm的颗粒计),级配良好,最大干密度为2.28g/cm³。试验段填筑时严格按照《公路路基施工技术规范》(JTG/T 3610—2019),虚铺层厚30cm,控制压实度不小于93%,碾压后表面应平整光滑,如图4-13所示。在预定的测点旁适当位置,采用灌砂法检测压实度,见图4-14。本试验段经现场检测,路堤填料密实度较好,实测压实度达到96%。

图4-13 试验段碾压

a) 试验段压实度检测

b) 碾压后填料粒间填充紧密

图 4-14　试验段压实效果检测

试验通过逐级加载、卸载的方法,测出每级荷载下相应的土基回弹变形值,通过计算求得土基回弹模量,分析路堤浸水前后湿化变形的特性。

1) 试验工况

待路堤碾压完成后,选择有代表性的测试点共 12 个,其中 6 个不浸水工况测试点作为对照组,另外 6 个作为浸水工况的测试点,如图 4-15、图 4-16 所示。6 个浸水工况测试点又进一步分成浸水 24h 和 6h 2 种工况,每种工况 3 个测点,分析浸水前、后测试点土体的强度与变形规律,如表 4-5 所示。

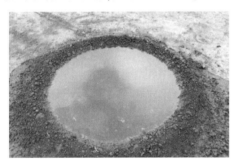

图 4-15　浸水工况测点

图 4-16　不浸水工况测试点

现场回弹模量测试工况　　　　　　表 4-5

不浸水	浸水 6h	浸水 24h
6 个测点	3 个测点	3 个测点

浸水工况采用人工模拟的形式:用黏土修筑 15cm 高的土埂,围成直径 1m 左右的试坑(不小于 3 倍承载板直径的试坑),坑内水头高 10cm。

2) 试验设备

(1) 反力装置:载重汽车后轴重不小于 60kN,在汽车大梁的后轴之后设有一加劲横梁作反力架用。

(2) 加载装置:采用 K30 平板荷载试验仪,如图 4-17 所示。由千斤顶、测力环、手动油泵、高压油管、直径 30cm 的承载板等组成。承载板直径 300mm,厚度为 25mm 上刻有放置千斤顶的定位线,千斤顶的最大推力为 6t,行程 120mm,升降杆起升高度 100mm,手动油泵的额定压力为 63MPa。

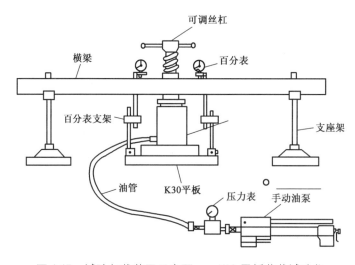

图 4-17　试验加载装置示意图——K30 平板荷载试验仪

图 4-18　试验测试装置实景图

(3) 位移测量系统:由支座、横梁和百分表支架等组成,如图 4-18 所示,横梁可沿支座立柱升降,以调整高度。

3) 加载方案

从手动油泵的压力表上读得的荷载值为千斤顶油缸内的油压,经过换算可以得出承载板的压强,但是考虑到活塞与油缸内部有摩阻力,因此,试验加载仍采用经定的测力环作为荷载测力装置。

(1) 试验前的准备工作。

①将荷载板放置在已平整的试验点上,采用水平尺校核承载板的水平状态,低洼处撒干燥洁净的细砂填平,砂子不可覆盖全部土基表面避免形成夹层。

②将配合试验的载重车开至离试验点一定距离的地方,此距离应小于1m,并使载重车后部大梁位于荷载板正上方。

③将千斤顶放置在荷载板上。

④安装测桥,使之处于大致与试验点对称的位置。

⑤转动千斤顶的升降丝杆,使测力环与载重车后部大梁接触,高度不够时,使用加长杆。

⑥将百分表安装在百分表支架上,并使百分表测杆垂直落至荷载板测点上。

(2) 加载过程。

①用千斤顶开始加载,注视测力环或压力表,至预压0.05MPa,稳压1min,使承载板与土基紧密接触,同时检查百分表的工作情况是否正常,然后放松千斤顶油门卸载,稳压1min后,将百分表调零或其他合适的初始位置上,记录初始读数。

②测试土基的压力-变形曲线。用千斤顶加载,采用逐级加载卸载法,用压力表或测力环控制加载量,荷载小于0.1MPa时,每级增加0.02MPa,以后每级增加0.04MPa左右。每次加载至预定荷载(P)后,保持压力稳定1min,然后立即读记两个百分表数值,然后轻轻放开千斤顶油门卸载至0,待卸载稳定1min后,再次读数,每次卸载后百分表不再调零。当两个百分表读数之差小于平均值的30%时,取平均值。如超过30%,则应重测。当回弹变形值超过1mm时,即可停止加载。

③各级荷载的回弹变形和总变形,按以下方法计算:

$$回弹变形 = 加载后读数平均值 - 卸载后读数平均值$$

$$总变形 = 加载后读数平均值 - 加载初始前读数平均值$$

④最后一次加载卸载循环结束后,取走千斤顶,重新读取百分表初读数,然后将汽车开出10m以外,读取终读数,按以下方法计算总影响量a:

$$总影响量(a) = 百分表初读数平均值 - 百分表终读数平均值 \qquad (4-6)$$

⑤在试验点下取约500g土样,测试材料含水率。

(3)测力环读数与承载板压力对照表(表4-6)。

测力环读数与承载板压力对照表　　　表4-6

测力环读数(mm)	测力环荷载(kN)	承载板压力(MPa)
1.12	1.46	0.024
1.24	2.85	0.044
1.37	4.35	0.065
1.495	5.79	0.086
1.6	7.00	0.103
1.85	9.89	0.144
2.085	12.60	0.182
2.34	15.54	0.224
2.6	18.54	0.266
2.77	20.51	0.294
3.09	24.20	0.346
3.32	26.85	0.383
3.58	29.85	0.426

4)数据处理

数据处理方法依据《公路路基路面现场测试规程》(JTG 3450—2019)。

4.3.2　试验结果

现场试验发现,浸水之后路堤表层约3cm厚的填料变得如泥巴一般,强度完全丧失。因此,在加载试验前将表层约3cm的泥化层刮开后再进行试验,装置调试、加载过程及试验结束外观见图4-19和图4-20。

图4-19　装置调试及加载过程

a)浸水测点试验完成后外观

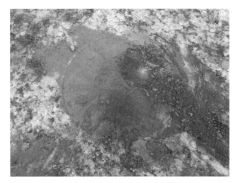
b)不浸水测点试验完成后外观

图 4-20　试验完成之后测试点外观

试验结果如表 4-7 所示。

炭质软岩填料路堤浸水回弹模量　　表 4-7

工况	不浸水						浸水 6h			浸水 24h		
点号	1号	2号	3号	4号	5号	6号	7号	8号	9号	10号	11号	12号
回弹模量（MPa）	143.1	130.8	139.2	127.2	143.8	158.4	84	80.2	82.1	77.7	79.4	66
平均值（MPa）	140.4						82.1			74.4		

　　试验结果表明,炭质软岩填料路堤在96%压实度条件下,路堤浸水前的回填模量的平均值为140.4MPa,这一值略大于《公路路基设计规范》(JTG D30—2015)附录 B 给出的砾类土标准状态下的回弹模量参考值(110～135MPa),小于级配砾石的回弹模量参考值(150～300MPa)。这表明,浸水前炭质软岩填料具有良好的力学性能。在受水浸泡6h后,路堤回填模量的平均值为82.1MPa,在受水浸泡24h后,路堤回弹模量的平均值降为74.4MPa。这说明炭质软岩填料对水比较敏感,路堤湿化之后强度将明显降低,长期使用过程中应考虑填料浸水后回弹模量的衰减。

4.4　自然条件作用下路堤的湿度与变形监测

4.4.1　监测方案

　　试验段路堤中线填土高度29.66m,路堤宽度25m。

试验段路堤监测主要包括路堤含水率监测、路堤胀缩变形监测、路堤沉降监测,如图 4-21 所示。

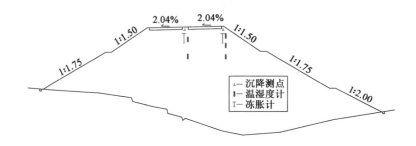

图 4-21 试验段路堤横断面及传感器测点布置示意

1) 路堤含水率监测

在炭质软岩填料路堤填筑过程中,水是影响路堤质量的关键因素,绝大部分路堤病害是由于在施工过程中对路堤含水率的控制不严和防排水措施设置不当造成的,因此在公路施工中的含水率控制和监测十分重要。

目前工程中现场含水率监测多采用取样法和射线法。取样法会对土层产生扰动,深层取样困难,射线法采用核子密度仪测试深度有限,两种方法均难以满足路堤断面深层连续定位监测的需要。TDR(Time Domain Reflectometry)时域反射技术通过测量探针间入射、反射信号的变化,测定探针间土壤的含水率。TDR 技术的发展克服了取样法和射线法的缺点,是一种快速、准确测定土壤含水率的有效方法,通过施工过程中在路堤内部埋设探针,可以方便地实现快速、无损、连续、定位监测。

2) 路堤胀缩变形监测

受干湿循环作用的影响,路堤可能发生往复性胀缩变形,因此有必要对路堤的胀缩变形进行监测。

3) 路堤沉降监测

沉降板采用钢板,沉降管采用钢管,每节长度视每层填土厚度而定,一般不超过 50cm。

为分析路堤内部不同深度位置的含水率变化情况,使用温度传感器对相应位置进行温度检测,埋设位置信息见表 4-8,体积含水率和质量含水率的换算见图 4-22。由于路堤施工现场车辆较多,为了保证监测设备安全和行车方便,传感器均埋设在硬路肩和路中线范围内,安装过程见图 4-23。

传感器埋设位置信息 表4-8

测点位置:右路肩				测点位置:路中		
温湿度计		冻胀计	温湿度计		冻胀计
编码: 28B87E880B0 00073	编码: 28132E230B0 0007F	编码: 28A435880B0 000CC	编码: 282803FA0B0 000EC	编码: 28828C660B0 00028	编码: 28D9C4870B0 000EF	编码: 280016F90B0 000DD
位置: 下路堤顶面 0m	位置: 下路堤顶面 -2.5m	位置: 下路堤顶面 -6m	测量范围: 下路堤顶面 -2.2~0m	位置: 下路堤顶面 -6m	位置: 下路堤顶面 -1.5m	测量范围: 下路堤顶面 -1.7~0m

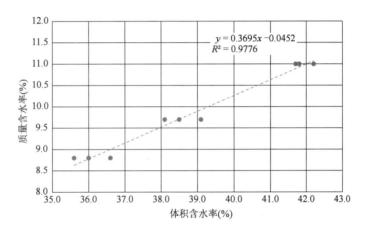

图 4-22 体积含水率与质量含水率的换算

a)湿度计室内标定　　　b)传感器现场埋设

图 4-23

c)湿度计的埋设

d)单点位移计的埋设

图4-23 试验段传感器埋设

4.4.2 监测结果分析

监测工作自6月份开始前进行,至12月份结束,监测时间7个月。自6月下旬至11月上旬,当地经历了长达5个月的雨季,该雨季雨量较往年同期偏多。监测成果如下:

(1)路堤含水率变化情况(图4-24~图4-27)。

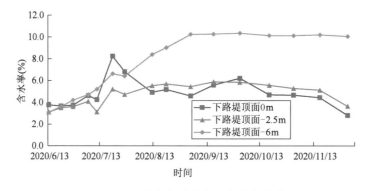

图4-24 A试验段路肩位置含水率变化

分析路堤含水率变化情况可知:①不同深度处路堤含水率在雨季有明显增大,雨季过后含水率逐渐降低,说明水分沿边坡、顶面渗入路堤,应加强路堤防水控湿措施;②路堤下部含水率较上部高,说明水分受重力迁移,聚集于路堤下部;③路堤中线位置较路肩位置含水率高,说明降雨沿中分带位置入渗,水分聚集于路堤内部不易消散,应加强路堤内部排水。

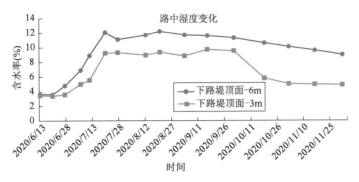

图 4-25　A 试验段路中线位置含水率变化

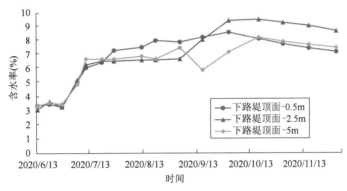

图 4-26　B 试验段路肩位置含水率变化

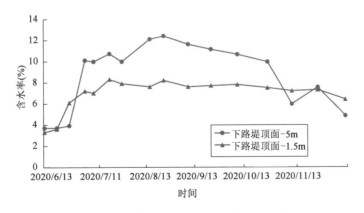

图 4-27　B 试验段路中线位置含水率变化

(2)路堤填料胀缩情况(图 4-28、图 4-29)。

分析路堤胀缩变化情况可知:①路堤上层填料在水分侵入后出现了膨胀变形,雨季过后变形量逐渐变小。②现场实测膨胀率 0.3% ~ 1.2%。③路堤工后沉降情况(图 4-30、图 4-31)。

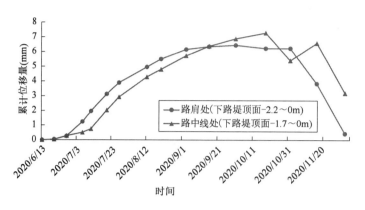

图 4-28　A 试验段路堤胀缩情况

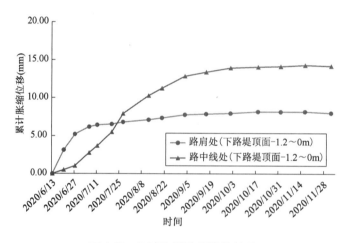

图 4-29　B 试验段路堤胀缩情况

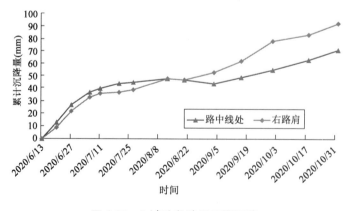

图 4-30　A 试验段路堤顶面沉降

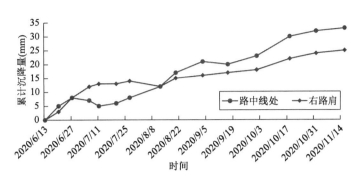

图4-31　B试验段路堤顶面沉降

分析路堤沉降变化情况可知:①由于雨季降水入渗和地基变形的影响,炭质软岩填料高填方路堤试验段发生了湿化变形,在雨季出现了较大的工后沉降。②两处试验段路堤在8月12日以前沉降变形较小,之后沉降变形发展较快,这是由于当地8月下旬降雨量进一步增大,导致路堤整体湿化变形进一步加大。

4.5　本章小结

本章应用大型直剪仪进行压缩变形试验,研究含水率对不同级配的炭质软岩填料压缩变形特性的影响,分析了炭质软岩填料的蠕变特性。并建立了现场路堤实体模型,进行现场浸水强度衰减试验和路堤湿度与沉降观测试验,得到如下结论。

(1)相同含水率状态下,级配A的压缩变形量小于级配B;同一级配下,试样的变形量随着含水率的增大而增大。各方案的孔隙比、压缩系数随轴向应力的增大而减小,压缩模量随着轴向荷载的增大逐渐增大。级配A的抗压缩性比级配B好,级配A填料更密实。在最佳含水率状态下,炭质软岩填料使用天然的级配A进行填筑,可有效降低对路堤的压缩变形破坏。

(2)应用大型直剪仪进行压缩蠕变试验。蠕变变形量随着含水率的增大而增大,达到稳定的时间越来越长;应力水平较低时,炭质软岩强度虽然受含水率影响,但不至于产生大量的崩解破碎,应变变化较为缓慢,产生的蠕变较小。随着应力的增大,应变增长速率明显加快,低强度和干密度对于填料应变的影响增加,蠕变量显著增大。

蠕变试验后,10~60mm粒径的占比减小,0.075~10mm粒径的占比增大;且最佳含水率状态下大粒径的破坏程度大于浸水饱和状态。建议在施工中应制定特殊的施工工艺确保充分压实,确保路堤本身不产生崩解沉陷病害,如果不能则必须对路堤作外包封水处理。

（3）最佳含水率状态下,炭质软岩填料的黏聚力 c 值在 100kPa 左右,内摩擦角大约为 $32°\sim38°$。浸水饱和状态下,炭质软岩填料的黏聚力 c 值骤降为 $36\sim75$kPa,较浸水前衰减 $26\%\sim66\%$;内摩擦角骤降为 $8°\sim14°$,较浸水前衰减 $63\%\sim74\%$。最佳含水率状态下级配 A 的抗剪强度参数略大于级配 B,但饱水状态下级配 A 的抗剪强度参数约为级配 B 抗剪强度参数的 2 倍。考虑最不利条件路堤浸水饱和,级配 A 填料的抗剪强度优于级配 B,安全系数更高,说明填料中 $20\sim60$mm 的粗砾组可显著提高填料的抗剪性能,进而提高路堤的整体稳定性。

（4）炭质软岩填料路堤在 96% 压实度条件下,路堤浸水前的回填模量的平均值为 140.8MPa,在受水浸泡 6h 后,路堤回填模量的平均值为 82.1MPa,在受水浸泡 24h 后,路堤回弹模量的平均值降为 74.4MPa。说明炭质软岩填料对水比较敏感,路堤湿化之后强度将明显降低。

（5）试验段监测结果表明,路堤下部含水率较上部高,路堤中线位置较路肩位置含水率高,说明中分带位置有雨水浸入。由于降水入渗和地基变形的影响,炭质软岩填料高填方路堤试验段发生了湿化变形,在雨季出现了较大的工后沉降。因此,炭质软岩填料路堤应特别注意防水控湿。

第 5 章　不同结构形式下路堤的变形及稳定性研究

炭质软岩作为路堤填料具有特殊性,在降雨的情况下容易发生崩解破碎,进而使路基产生边坡滑塌,因此需要采取特殊的路堤结构形式来避免采用炭质软岩作为路堤填料产生的工程破坏。不同路堤形式直接影响路堤边坡稳定性和后期的沉降变形,在现场铺筑试验路段之前,得不到现场的填筑效果,因此需要通过数值模拟软件计算不同路堤形式湿度分布特征和变形特性,探求一种合理的高填方路堤结构形式。本章借助岩土工程中专业的数值模拟软件 Geo-Studio,构建不同结构形式下路堤的数值计算模型,评价不同工况条件下(正常工况、降雨工况)路堤内部的湿度分布特征、工后沉降变形特征,以及路堤边坡的稳定性。在上述研究的基础上,给出炭质软岩填料高填方路堤合理的结构形式。

5.1　炭质软岩填料路堤典型结构的提出

炭质软岩具有易风化、遇水易崩解软化,强度衰减大,填筑路堤对水敏感等特点。针对炭质软岩填料具有遇水易崩解的特点,为了解决这个问题,设计的路堤结构形式拟采用具有一定强度且隔水性好的黏土包边进行防护,同时为了提高炭质软岩填料路堤的稳定性,设计的路堤结构形式拟采用两种方式来提高路堤的稳定性,一种是采用炭质软岩填料和强度较高的碎石填料夹层填筑的方式,另一种是采用炭质软岩填料和土工格栅夹层填筑的方式。为了对比分析有、无包边土,碎石夹层和加筋路堤对炭质软岩填料高填方路堤的影响,提出了三种炭质软岩填料高填方路堤结构形式,具体的方案及其填筑方式如下所示:

(1)炭质软岩填料和碎石填料夹层填筑路堤。

炭质软岩每层的摊铺厚度为50cm,每填筑 4m 后,夹铺一层碎石土,碎石土厚30cm。路堤基底填筑50cm 厚的碎石垫层,不设包边土,如图 5-1a)所示。

(2) 考虑包边土的炭质软岩填料和土工格栅夹层填筑路堤。

路堤填料采用炭质软岩,筋材采用土工格栅,层间距 1m。路堤底部设置 50cm 厚碎石排水垫层。路堤外侧采用黏土包边,厚度 1m,如图 5-1b) 所示。

(3) 考虑包边土的炭质软岩填料和碎石填料夹层填筑路堤。

采用炭质软岩和碎石夹层填筑,炭质软岩摊铺厚度为 50cm,每填筑 4m 后,夹铺一层碎石土,碎石土厚度 30cm。在路堤基底填筑 50cm 厚的碎石垫层。路堤外侧采用黏土包边,厚度 1m,如图 5-1c) 所示。

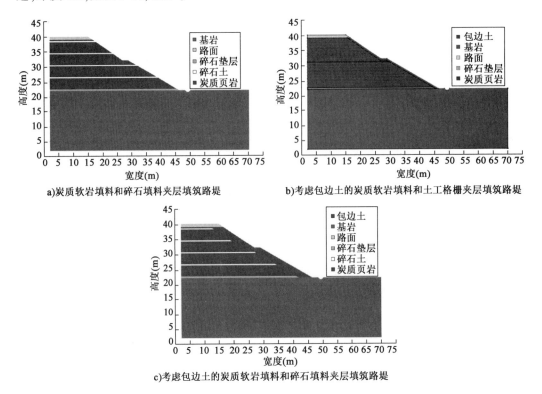

图 5-1 炭质软岩填料高填方路堤设计方案

对比炭质软岩填料和碎石填料夹层填筑路堤、考虑包边土的炭质软岩填料和碎石填料夹层填筑路堤两种结构形式,探究有、无包边土对炭质软岩填料高填方路堤的影响;对比考虑包边土的炭质软岩填料和土工格栅夹层填筑路堤、考虑包边土的炭质软岩填料和碎石填料夹层填筑路堤两种路堤结构形式,研究对比碎石夹层和加筋路堤结构形式对高填炭质软岩填料路堤的影响。

根据设计文件中沿线常见的路堤高度,路堤高度设为 18m,两级坡,路面宽度为 26m。由于路堤横断面尺寸及水文地质均对称,故选取横断面的一半作为研究对象,如图 5-1 所示。

5.2 数值模型分析的理论基础

炭质软岩填料高填方路堤在施工期和运营期都存在较大的沉降变形,严重影响道路的稳定性。高填方路堤填料满足一般的弹塑性变形理论。因此首先借助数值模拟软件 Geo-Studio,并基于一般的弹塑性模型理论,对在施工期以及运营期不同结构形式的炭质软岩填料高填方路堤的沉降变形进行数值模拟,分析其不同结构形式的沉降变形特性及差异性。其次,路堤填筑完成后的运营期炭质软岩填料高填方路堤的稳定性会受到降雨渗流的影响,探究不同结构形式的炭质软岩填料高填方路堤的渗流特性以及稳定性变化特性,对于提出合理的路堤结构形式和保证炭质软岩填料高填方路堤工程稳定性具有重要的意义。

5.2.1 高填方路堤沉降计算基本理论

高填方路堤在分层施工填筑阶段以及道路运营阶段会在自重以及上部填料的应力作用下不断挤密压实。路堤填料的变形遵循弹塑性模型理论。弹塑性模型表示的是一种弹性和理想塑性之间的关系,这种模型的典型应力应变曲线如图 5-2 所示。在屈服点之前应力与应变成正比;在屈服点之后,应力-应变变成完全水平。

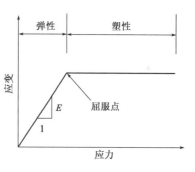

图 5-2 理想弹塑性本构关系

土的塑性用塑性增量理论(Hill,1950)表达。在理想弹塑性材料开始屈服后,应力增量可以分成弹性部分和塑性部分。

$$\{d\varepsilon\} = \{d\varepsilon^e\} + \{d\varepsilon^p\} \quad (5-1)$$

只有弹性应变增量 $d\varepsilon^e$ 能引起应力变化,于是,应力增量可以写成如下形式:

$$\{d\sigma\} = [C_e]\{d\varepsilon^e\} \quad (5-2)$$

描述屈服点轨迹的函数叫屈服函数,用符号 F 表示。屈服函数可以写成如下形式:

$$F = F(\sigma_x, \sigma_y, \sigma_z, \tau_{xy}) \quad (5-3)$$

屈服函数的增量变化用式(5-4)表示:

$$\mathrm{d}F = \frac{\partial F}{\partial \sigma_x}\mathrm{d}\partial\sigma_x + \frac{\partial F}{\partial \sigma_y}\mathrm{d}\partial\sigma_y + \frac{\partial F}{\partial \sigma_z}\mathrm{d}\partial\sigma_z + \frac{\partial F}{\partial \tau_{xy}}\mathrm{d}\partial\tau_{xy} \tag{5-4}$$

塑性增量理论规定屈服函数 $F<0$，以及应力状态在屈服面上时，$\mathrm{d}F=0$。后面这种情形叫做中性变载，可以写成如式(5-5)所示的数学形式：

$$\mathrm{d}F = \left(\frac{\partial F}{\partial \sigma}\right)\{\partial\sigma\} = 0 \tag{5-5}$$

假定塑性应变为：

$$\{\mathrm{d}\varepsilon^p\} = \lambda\left\{\frac{\partial G}{\partial \sigma}\right\} \tag{5-6}$$

式中：G——塑性势；

λ——塑性比例因子。

用式(5-6)替换掉应力增量方程[式(5-3)]中的塑性应变，得到：

$$\mathrm{d}\sigma = [C_e]\{\mathrm{d}\varepsilon\} - [C_e]\lambda\left\{\frac{\partial G}{\partial \sigma}\right\} \tag{5-7}$$

把应力增量 $\mathrm{d}\sigma$ 代入到中性变载的情形，可以得到关于塑性比例因子 λ 的表达式，如式(5-8)所示：

$$\lambda = \frac{\left(\frac{\partial F}{\partial \sigma}\right)[C_e]}{\left(\frac{\partial F}{\partial \sigma}\right)[C_e]\left\{\frac{\partial G}{\partial \sigma}\right\}}\{\mathrm{d}\varepsilon\} \tag{5-8}$$

根据式(5-7)、式(5-8)，可以得到应力增量和应变增量的关系。

$$\{\mathrm{d}\sigma\} = ([C_e] - [C_p])\{\mathrm{d}\varepsilon\} \tag{5-9}$$

使用 Mohr-Coulomb 屈服准则作为理想弹塑性模型的屈服函数如式(5-10)所示：

$$F = \sqrt{J_2}\sin\left(\theta + \frac{\pi}{3}\right) - \sqrt{\frac{J_2}{3}}\cos\left(\theta + \frac{\pi}{3}\right)\sin\varphi - \frac{I_1}{3}\sin\varphi - c\cos\varphi \tag{5-10}$$

其中，应力偏张量的第二不变量 $J_2 = \frac{1}{6}[(\sigma_x-\sigma_y)^2(\sigma_y-\sigma_z)^2(\sigma_z-\sigma_x)^2] + \tau_{xy}^2$；

罗德角 $\theta = \frac{1}{3}\cos^{-1}\left(\frac{3\sqrt{3}}{2}\frac{J_3}{J_2^{3/2}}\right)$；

应力偏张量的第三不变量 $J_3 = \sigma_x^d\sigma_y^d\sigma_z^d - \sigma_z^d\tau_{xy}^2$；

应力张量的第一不变量 $I_1 = \sigma_x + \sigma_y + \sigma_z$；内摩擦角 φ；土的黏聚力 c。

5.2.2　高填方路堤渗流计算基本理论

在降雨期间,高填方路堤稳定性评估对其正常运营有着重要意义。在降雨作用下,雨水入渗对边坡稳定性影响不仅表现在降雨期间,大量滑坡经常在雨后发生,这主要源于岩土体基质吸力对降雨响应的滞后效应,所以在渗流计算时需要对边坡雨后一段时间内的渗流场分布进行计算,进行验算其稳定性。这里对高填方路堤渗流计算基本理论进行介绍。

基于对高填方路堤水文地质条件的研究结果,高填方路堤的地下水位就是潜水位,因此潜水位以上的土基处于非饱和状态,潜水位以下土基处于饱和状态。非饱和状态下其渗透系数是变化的,含水率越低,空隙中空气越多,渗流就越不容易发生;在饱和区渗透系数为恒定值,如图 5-3 所示。水土特征曲线如图 5-4 所示。

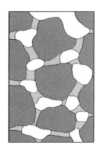

图 5-3　填料饱和-非饱和状态

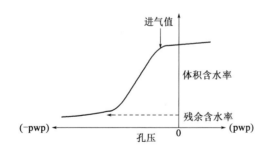

图 5-4　水土特征曲线

随着降雨入渗导致潜水位太高,原有的部分非饱和区变为饱和区,雨后潜水位又逐渐回落,直至变为原有稳态渗流状态。所以非饱和区水分的运动和饱和区水分的运动是相互联系,将两者统一起来即所谓饱和与非饱和问题。当采用水头 h 作为控制方程的因变量,对于各向异性的二维饱和-非饱和渗流控制方程为:

$$\frac{\partial}{\partial x}\left(k_x \frac{\partial h}{\partial x}\right) + \frac{\partial}{\partial y}\left(k_y \frac{\partial h}{\partial y}\right) = m_w \rho_w g \frac{\partial h}{\partial t} \tag{5-11}$$

式中：k_x、k_y——水平和垂直方向的饱和渗透系数；

ρ_w——水的密度；

g——重力加速度；

m_w——比水容量，定义为体积含水率 θ_w 对基吸力 $(u_a - u_w)$ 偏导数的负值，即

$$m_w = -\frac{\partial \theta_w}{\partial (u_a - u_w)} \text{。}$$

边界条件为：

(1) 水头边界：

$$k \frac{\partial h}{\partial n}\bigg|_{\Gamma_1} = h(x,y,t) \tag{5-12}$$

水头边界是渗流计算中的第一类边界条件，主要作用于路堤上下游水位边界。

(2) 流量边界：

$$k \frac{\partial h}{\partial n}\bigg|_{\Gamma_2} = q(x,y,t) \tag{5-13}$$

流量边界是渗流计算中的第二类边界条件，主要作用于高填方路堤边坡表面接受雨水入渗的边界之上。在渗流计算中当降雨强度低于地表入渗能力时，地表入渗量与降雨强度 q 相等。

5.2.3 高填方路堤稳定性计算基本理论

边坡稳定性评估的极限平衡法在岩土工程领域应用历史已有几十年历史。将潜在的滑坡体离散成垂直条块的思想在 20 世纪早期被引入，并成为岩土工程领域最早的数值分析技术。

1916 年 Petterson 对瑞典 Gothenberg 的 Stigberg 码头进行了稳定性分析并引入了条分法，滑动面被抽象为圆弧、滑体被分为土条。在接下来的几十年中，Fellenius(1936)创立了普通条分法，又称瑞典条分法。在 20 世纪 50 年代中期，Janbu(1954)和 Bishop(1955)发展了这种方法，在 20 世纪 60 年代，随着电子计算机的出现，分析过程中的迭代计算变得更容易处理，这也使得诸如由 Morgenstern、Price(1965)和 Spencer 发展的数学方程意义更为严格。20 世纪 80 年代早期至今计算机技术的飞速发展和普及边坡的稳定性计算变得越来越方便简捷。

本次评估采用极限平衡法对边坡的稳定性进行分析,极限平衡法的特点在于其只考虑静力平衡条件和土的 Mohr-Coulomb 破坏准则,也就是说通过分析土体的破坏那一刻的平衡来求得问题的解。极限平衡理论的主要思想是将滑动土体进行条分,由极限状态下土条所受力和力矩的平衡来分析边坡稳定性。

如前文所述在过去的几十年里,条分法出现了多种不同的方法,但这些方法的本质基本相似,不同之处在于包括和满足了不同的平衡方程,以及条间力和对条间力的不同假定。图 5-5 为一个典型滑坡体被离散成土条和作用在土条上可能的力。极限平衡法是目前应用最多的一种分析方法。文中所用极限平衡理论的方法有以下几种:

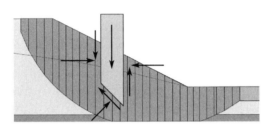

图 5-5 路基边坡的土条离散和土条受力

(1)普通条分法或 Fellenius 法(Ordinary method)。

一些文献也将这种方法称为瑞典条分法。这是最简单的方法之一,其优势在于可以手算出安全系数。这种方法忽略了条间力,土条的重量被分解为平行和垂直于土条底面的分量,垂直于土条底面的力为条块底部的法向力,计算时主要提供抗滑力,平行于土条底面的力为切向力,主要提供滑动力。用某一点所有的滑动力矩和抗滑力矩来描述滑动面所处的状态,计算其稳定系数。滑动力矩 M_S 和抗滑力矩 M_R 之比,即为该边坡的稳定系数 F_s:

$$F_s = \frac{抗滑力矩}{滑动力矩} = \frac{M_R}{M_S} \tag{5-14}$$

如果 $F_s > 1$,则沿着这个计算滑动面是稳定的;如果 $F_s < 1$,则是不稳定的;如果 $F_s = 1$,则说明这个计算滑动面处于极限平衡状态。

由于假定计算滑动面上的各点覆盖岩土体的重量各不相同,因此滑动面上各点的法向压力也不同。抗滑力中的摩擦力与法向应力的大小有关,所以应当计算出假定滑动面上各点的法向应力。为此可以把圆弧内的土体分条,用条分法进行分析。

如图 5-6 所示,把滑体分为 n 条,其中第 i 条传给滑

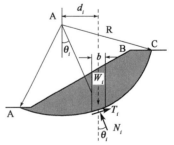

图 5-6 普通条分法示意图

动面上的重量为 W_i，它可以分解为两个力：一是垂直于圆弧的法向力 N_i，另一是切于圆弧的切向力 T_i，由图 5-6 可知：

$$\begin{cases} N_i = W_i\cos\theta_i \\ T_i = W_i\sin\theta_i \end{cases} \tag{5-15}$$

N_i 力通过圆心，其本身对岩坡滑动不起作用，但是 N_i 可使岩条滑动面上产生摩擦力 $N_i\tan\varphi_i$（φ_i 为该弧所在的岩体的内摩擦角），其作用方向与岩体滑动方向相反，故对岩坡起抗滑作用。此外，滑动面上的凝聚力 c 也是起抗滑作用的，所以第 i 条岩条滑弧上的抗滑力为：

$$c_i l_i + N_i\tan\varphi_i \tag{5-16}$$

因此第 i 条产生的抗滑力矩为：

$$(M_R)_i = (c_i l_i + \sum_i^n N_i\tan\varphi_i)R \tag{5-17}$$

式中：c_i——第 i 条滑弧所在的岩层的凝聚力；

φ_i——第 i 条滑弧所在岩层的内摩擦角；

l_i——第 i 条岩条的滑动长度。

同样，对每一岩条进行类似分析，可以得到总的抗滑力矩为：

$$M_R = (\sum_i^n c_i l_i + \sum_i^n N_i\tan\varphi_i)R \tag{5-18}$$

式中：n——分条数目。

而滑动面上的总的滑动力矩为：

$$M_R = \sum_i^n T_i R \tag{5-19}$$

代入安全系数公式，得到假定滑动面上的安全系数为：

$$F_s = \frac{\sum_i^n c_i l_i + \sum_i^n N_i\tan\varphi_i}{\sum_i^n T_i} \tag{5-20}$$

由于原因和滑动面是任意假定的，因此要假定多个原因和相应的滑动面作类似的分析，进行试算，从中找到最小的安全系数，即为真正的安全系数，其对应的圆心和滑动面即为最危险的圆心和滑动面。

（2）毕肖普法（Bishop method）。

19 世纪 50 年代，伦敦帝国理工学院 Bishop 教授提出一种考虑土条间法向力，但不考虑条间剪切力的计算方法，建立了基于垂向静力平衡的条块底部法向力方程，条块底部法向力成为稳定系数的函数，此方法中稳定系数方程为非线性，因此求解必须采用迭代的方法。简化 Bishop 法(后简称 Bishop 法)满足力多边形闭合条件,满足整体力矩平衡条件,满足极限平衡条件,精度高,是目前工程中很常用的一种方法。

如图 5-7 所示,e_i 为土条水平力 Q_i 作用点到圆心的垂直距离。若土条处于静力平衡状态,根据竖向力平衡条件,应有:

$$W_i + X_i - X_{i+1} = N_i\cos\alpha_i + T_i\sin\alpha_i \qquad (5\text{-}21)$$

$$N_i\cos\alpha_i = W_i + X_i - X_{i+1} - T\sin\alpha_i \qquad (5\text{-}22)$$

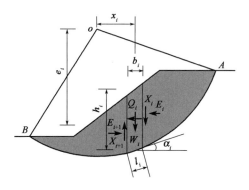

图 5-7　Bishop 法示意图

根据满足安全系数为 F_s 时的极限平衡条件:

$$T_i = \frac{1}{F_s}(c_i l_i + N_i\tan\phi_i) \qquad (5\text{-}23)$$

将式(5-23)代入式(5-22),整理后得:

$$N_i = \frac{W_i + X_i - X_{i+1} - \dfrac{c'_i l_i}{F_s}\sin\alpha_i}{\cos\alpha_i + \dfrac{\sin\alpha_i\tan\phi'_i}{F_s}} = \frac{1}{m_{\alpha i}}\left(W_i + X_i - X_{i+1} - \frac{c_i l_i}{F_s}\sin\alpha_i\right) \qquad (5\text{-}24)$$

式中:

$$m_{\alpha i} = \cos\alpha_i + \frac{\sin\alpha_i\tan\phi'_i}{F_s} \qquad (5\text{-}25)$$

考虑整个滑动土体的整体力矩平衡条件,若土条的作用力对圆心力矩之和为零,这时条间力成对出现,大小相等,方向相反,对圆心不产生力矩。滑动面上的压力 N_i 通过圆心,也不产生力矩,因此,只有重力 W_i 和滑动面上的切向力 T_i 对圆心产生力矩,所以 $\sum W_i x_i - \sum T_i R + \sum Q_i e_i = 0$。最后得到:

$$F_s = \frac{\sum m_{\alpha i}[c'_i b_i + (W_i + X_i - X_{i+1})\tan\phi'_i]}{\sum W_i\sin\alpha_i + \sum Q_i \dfrac{e_i}{R}} \qquad (5\text{-}26)$$

这是 Bishop 法的一般计算公式。毕肖普进一步假定条块间只有水平力,而不存在切向力,于是,式(5-26)进一步简化为:

$$F_s = \frac{\sum m_{\alpha i}[c_i b_i + W_i \tan\phi'_i]}{\sum W_i \sin\alpha_i + \sum Q_i \dfrac{e_i}{R}} \tag{5-27}$$

称为简化 Bishop 公式。式中,参数 $m_{\alpha i}$ 包含有安全系数 F_s。因此不能直接求出安全系数,而需要采用试算的办法,迭代求算 F_s。

(3)简布法(Janbu method)。

Janbu 法是一种既满足力和力矩平衡条件,又可用于任何形状的滑动面的较精确的方法,其特点是假定条块间水平作用力的位置。因而每个条块都满足全部静力平衡条件和极限平衡条件,滑动体的整体力矩平衡条件也得到满足。

计算中,考虑最复杂的情况:即计算块体为多地层,同时有地震力和地下水作用,从而比一般的计算公式考虑更为全面。从滑体中取出任意条块 i 进行分析,图 5-8 为其受力条件。

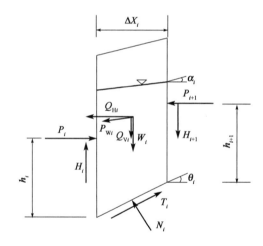

图 5-8 Janbu 法条块作用力分析

图 5-8 中,条块的侧面分别作用有法向力 P_i、P_{i+1} 和切向力 H_i、H_{i+1}。h_i、h_{i+1} 为法向力到滑面底的距离。根据图 5-8 有以下推导:

当 $\sum F_y = 0$,即:

$$W_i + \Delta H_i + Q_{Vi} = N_i \cos\theta_i + P_{wi} \cos\theta_i + T_i \sin\theta_i \tag{5-28}$$

有

$$N_i = (W_i + \Delta H_i + Q_{Vi} - P_{wi} \cos\theta_i - T_i \sin\theta_i)/\cos\theta_i \tag{5-29}$$

由 $\sum F_x = 0$,得:

$$\Delta P_i = T_i(\cos\theta_i + \sin^2\theta/\cos\theta_i) - (W_i + \Delta H_i + Q_{Vi})\tan\theta_i - Q_{Hi} \tag{5-30}$$

由极限平衡条件,设稳定系数为 F_s,则有:

$$F_s = T_f/T_i = (c_i L_i + N_i\tan\phi_i)/T_i \tag{5-31}$$

从而可得到:

$$\Delta P_i = \frac{1}{F_s}\frac{c_i L_i\cos\theta_i + (W_i + \Delta H_i + Q_{Vi} - P_{wi}\cos\theta_i)\tan\phi_i}{(1 + \tan\phi_i\tan\theta_i/F_s)\cos^2\theta_i} -$$
$$(W_i + \Delta H_i + Q_{Vi})\tan\theta_i - Q_{Hi} \tag{5-32}$$

对条块侧面的法向力 P,显然 $P_1 = \Delta P_1, P_2 = \Delta P_2 + P_1 = \Delta P_1 + \Delta P_2$,以此类推,若有 n 条块,则:

$$P_n = \sum_{i=1}^{n}\Delta P_i \tag{5-33}$$

将式(5-24)代入式(5-25),得到:

$$F_s = \frac{\sum_{i=1}^{n}\frac{1}{m_i}[c_i L_i\cos\theta_i + \tan\phi_i(W_i + \Delta H_i + Q_{Vi} - P_{wi}\cos\theta_i)]}{\sum_{i=1}^{n}Q_{Hi} + \sum_{i=1}^{n}(W_i + \Delta H_i + Q_{Vi})\tan\theta_i} \tag{5-34}$$

其中,$m_i = \left(1 + \dfrac{\tan\phi_i\tan\theta_i}{F_s}\right)\cos^2\theta_i$。

由于 ΔH 未知,对滑面中点取矩 $\sum M_i = 0$,则得到:

$$H_i = P_i\frac{\Delta h_i}{\Delta X_i} + \Delta P_i\frac{h_i}{\Delta X_i} \tag{5-35}$$

$$\Delta H_i = H_{i+1} - H_i \tag{5-36}$$

上述各式中,Q_{Vi} 为地震力铅直分量,其他符号同前。

(4)摩根斯坦-普拉斯法(Morgenstern-Price method)。

Morgenstern-Price 对任意曲线的滑裂面进行分析,推导获得了满足力的平衡及力矩平衡条件的微分方程式,然后假定相邻土条法向条间力和切向条间力之间存在一个对水平方向坐标的函数关系,根据整个滑动土体的边界条件求出问题的解答。图 5-9 为 Morgenstern-Price 法计算简图。其边坡的稳定系数采用式(5-37)~式(5-41)计算:

力的平衡方程:

$$\int_a^b p(x)s(x)\mathrm{d}x = 0 \tag{5-37}$$

力矩平衡方程:

$$\int_a^b p(x)s(x)t(x)\mathrm{d}x - M_e = 0 \tag{5-38}$$

其中：

$$p(x) = \left(\frac{\mathrm{d}W}{\mathrm{d}x} + \frac{\mathrm{d}V}{\mathrm{d}x}\right)\sin(\overline{\phi}' - \alpha) - u\sec\alpha\sin\overline{\phi}' + \overline{c}'\sec\alpha\cos\overline{\phi}' - \frac{\mathrm{d}Q}{\mathrm{d}x}\cos(\overline{\phi}' - \alpha)$$

(5-39)

$$s(x) = \sec(\overline{\phi}' - \alpha + \beta)\exp\left[-\int_a^x \tan(\overline{\phi}' - \alpha + \beta)\frac{\mathrm{d}\beta}{\mathrm{d}\zeta}\mathrm{d}\zeta\right] \qquad (5\text{-}40)$$

$$t(x) = \int_a^x (\sin\beta - \cos\beta\tan\alpha)\exp\left[\int_a^\xi \tan(\overline{\phi}' - \alpha + \beta)\frac{\mathrm{d}\beta}{\mathrm{d}\zeta}\mathrm{d}\zeta\right]\mathrm{d}\xi \qquad (5\text{-}41)$$

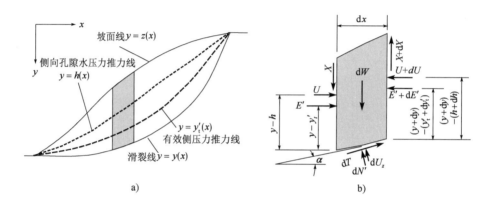

图 5-9　Morgenstern-Price 法计算简图

$\mathrm{d}W$ -条块重量；U -作用于条块底面的孔隙压力；α -条块底面与水平面的夹角；$\mathrm{d}U$ -作用在条块上的外力(包括地震力、锚索和锚桩提供的加固力合表面荷载)在垂直向分力

$$M_e = \int_a^b \frac{\mathrm{d}Q}{\mathrm{d}x}h_e\mathrm{d}x \qquad (5\text{-}42)$$

$$\overline{c}' = \frac{c'}{K} \qquad (5\text{-}43)$$

$$\tan\overline{\phi} = \frac{\tan\phi'}{K} \qquad (5\text{-}44)$$

$$\tan\beta = \lambda f(x) \qquad (5\text{-}45)$$

式中：$\mathrm{d}x$——条块宽度；

c'、ϕ'——条块底面的有效凝聚力合内摩擦角；

$\mathrm{d}Q$——作用在条块上的外力(包括地震力、锚索和锚桩提供的加固力合表面荷载)在水平向和垂直向分力；

M_e——$\mathrm{d}Q$ 对条块中点的力矩；

h_e——$\mathrm{d}Q$ 的作用点到条块底面中点的垂直距离；

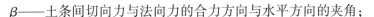

β——土条间切向力与法向力的合力方向与水平方向的夹角；

$f(x)$——$\tan\beta$ 在 x 轴方向的分布形状，一般可取 $f(x)=1$；

λ——确定 $\tan\beta$ 值的待定系数。

式(5-37)和式(5-38)中包含两个未知数，安全系数 K 隐含于式(5-43)和式(5-44)中，另一待定系数 λ 隐含于式(5-45)中，可通过迭代求解两未知数。

以上四种方法中，普通条分法、简化 Bishop 的滑动面为圆弧滑动面，Janbu 法、Morgenstern-Price 法的滑动面可为任意形状。另外这四种方法计算时还有以下区别，如表 5-1、表 5-2 所示。

计算方法所满足的静态平衡条件　　　　　　表 5-1

方法	力矩平衡	力平衡
普通条分法	满足	不满足
简化 Bishop	满足	不满足
Janbu	满足	满足
Morgenstern-Price	满足	满足

条间力的关系和特点　　　　　　表 5-2

方法	法向条间力 E	切向条间力 X	X/E 的倾角和关系
普通条分法	不考虑	不考虑	没有条间力
简化 Bishop	考虑	不考虑	水平方向
Janbu	考虑	考虑	条块顶部地面线和底部倾角的平均值
Morgenstern-Price	考虑	考虑	函数变量

5.3　高填方路堤稳定性的数值分析模型建立

5.3.1　沉降变形的模拟方案

为研究不同炭质软岩填料高填方路堤结构形式的沉降变形特性，运用 Geo-Studio 数值软件中的 SIGMA/W 模块模拟炭质软岩填料高填方路堤的沉降变形。沉降模拟分为两个阶段，路堤的施工期的沉降变形以及运营期的沉降变形。如图 5-10 所示，以炭质软岩填料和碎石填料夹层填筑路堤为例，施工期按 6d 一层依次填筑路堤结构，研究路堤每层填筑完成后沉降变形特性;当路堤填筑完成后,在路面施加行车荷载模拟道路运营期时的状态,观察 2 年运营期炭质软岩填料高填方路堤沉降变形特性。

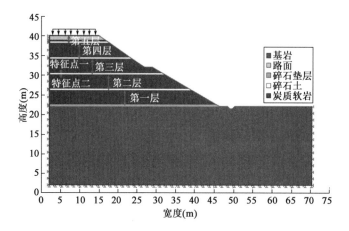

图 5-10 炭质软岩填料高填方路堤填筑方案及其边界条件

在三种路堤方案的相同位置分别选取两个特征点,分别为(5,31.6)、(5,30.1),如图 5-10 所示。这两个特征点选取在炭质软岩填料和碎石填料夹层填料路堤结构、考虑包边土的炭质软岩填料和碎石填料夹层填筑路堤结构的碎石夹层两侧,在考虑包边土的炭质软岩填料和土工格栅夹层填筑路堤结构的土工格栅两侧,目的是方便分析土工格栅、碎石夹层以及包边土结构对路堤沉降变形的影响。

边界条件为左右两侧施加水平约束,下部地基的水平和竖向位移均固定,上部为自由边界;行车荷载为法向均布荷载布置在路面,大小设置为 10kPa,如图 5-10 所示。

5.3.2 渗流及稳定性模拟方案

为研究不同结构形式的炭质软岩填料高填方路堤渗流特性及其稳定性,借助数值模拟软件中的 SEEP/W 和 SLOPE/W 模块,模拟炭质软岩高填路堤受到 24h 相同强度 $[0.01\text{m}^3/(\text{h}\cdot\text{m}^2)]$ 的集中降雨(当单位流量大于渗透系数时自动转换为水头边界),研究不同路堤结构形式在降雨过程中以及降雨结束后一段时间,路堤内部水分渗流、水分场的变化以及稳定性系数特征的变化。

在路堤边坡设置单位流量降雨边界,路面不受降雨影响而假定为不透水层;路面结构设置为不透水边界;水力边界初始条件,在基岩底部 10m 处设置为地下水位线。在稳定性计算中设定基岩为不滑动层。水力边界条件如图 5-11 所示。

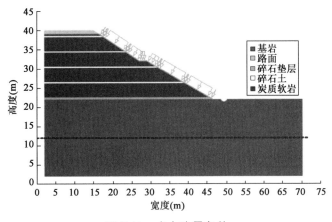

图 5-11 水力边界条件

5.3.3 模型参数

结合墨临高速公路工程试验资料,并参考国内相关文献,数值计算所用参数指标如表 5-3 所示。

模型参数　　　　　　　　　　　　表 5-3

土层类型	渗透系数 (m/h)	密度 (g/cm³)	弹性模量 (MPa)	泊松比	黏聚力 (kPa)	内摩擦角 (°)
包边土	$4×10^{-4}$	1.8	$2×10^2$	0.35	15	10
基岩	$4×10^{-3}$	2.0	$4×10^2$	0.32	25	15
路面	$1×10^{-9}$	2.3	$1.2×10^3$	0.35	100	10
碎石垫层	1	2.3	$5×10^2$	0.36	10	30
碎石土	$5×10^{-1}$	2.2	$6×10^2$	0.36	25	20
炭质软岩	$4×10^{-3}$	2.0	$4×10^2$	0.32	25	15

5.4 数值模拟结果分析

5.4.1 炭质软岩填料和碎石填料夹层填筑路堤

1) 变形特征

(1) 施工期变形特征。

图 5-12 为各填筑层在施工期间的沉降变化,可以发现同一填筑层的沉降均随着距

路堤中心线距离 X 的增大逐渐减小。且随着填筑层数的增加,每一层路堤的沉降逐渐减小。这是因为路堤填筑其实是向地基加载的过程,地基由于受到路堤范围以外的地基土约束,靠近路堤中心线下方的地基沉降最大,两侧沉降较小。填筑第一层路堤时,路堤将会填补地基产生的沉降,在填筑下一层路堤时,将会填补上一层路堤的沉降,且随着填筑层数的增加,路堤宽度逐渐减小,对下部路堤将会产生不均匀的加载作用,故每一填筑层的沉降沿着路堤中心向外逐渐增大。在上层路堤填筑的过程中,路堤下层填料以及基岩不断被挤密压实,其孔隙逐渐减小,故沉降随着填筑层数的增加逐渐减小,且路堤沉降中间大两侧小的现象也逐渐不明显。

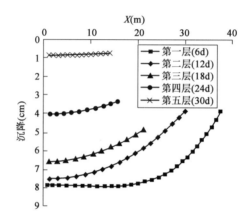

图 5-12　炭质软岩填料和碎石填料夹层填筑路堤施工期各填筑层沉降

(2)运营期变形特征。

路堤运营期的侧向变形特征如图 5-13a)所示,运营期路堤侧向位移特征表现为在路堤自重以及行车荷载作用下,路堤底部向外拱起,在路堤坡脚处侧向位移达到最大。由上到下路堤产生的侧向位移逐渐减小,路堤顶部的侧向位移最小,路堤上部的稳定性较好。

在竖向变形方面,如图 5-13b)所示,同一高度处,路堤中心线到路堤边坡竖向位移逐渐减小;对于同一层位,路堤的竖向位移由高到低逐渐增大,最大的竖向变形发生在最底层的第一层路堤填料,与施工期竖向位移特征相似。观察路堤竖向变形图和路堤中心线处总应力随深度的变化曲线(图 5-14)可知,碎石土范围(4.6~4.9m、8.9~9.2m 和 13.2~13.5m)内沉降比正下方炭质软岩填料的沉降小,且碎石土层总应力减小速率大于炭质软岩层。说明碎石层相较炭质软岩填料具有更高的材料强度,同时具有较强的抵抗沉降变形的能力。

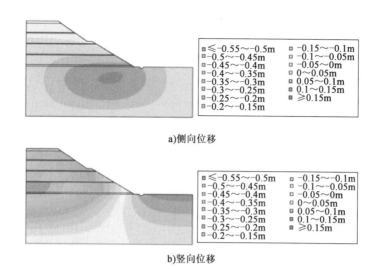

图 5-13 炭质软岩填料和碎石填料夹层填筑路堤运营两年的位移分布

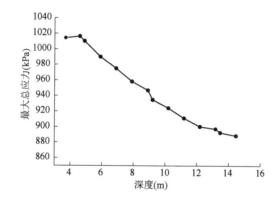

图 5-14 炭质软岩填料和碎石填料夹层填筑路堤的路堤中心线处最大总应力随深度变化

2）渗流及稳定性研究

（1）边坡入渗特性。

从图 5-15a)可以看出，降雨前路堤填料较为干燥，土体的饱和度较低，填料的孔隙水压力最高为 -60kPa，此阶段路堤的入渗能力极强。降雨入渗路堤内孔隙水压力变化大致可以分为三个阶段。

第一阶段为降雨过程入渗前锋快速向路堤内部迁移阶段，如图 5-15a)～b)所示。首先，靠近边坡处填料先达到饱和，孔隙水不断下渗补给路堤内部非饱和土，表现为路堤内部孔隙水压力逐渐增大。由于碎石土的渗透性大于炭质软岩填料，持水能力弱于炭质软岩，因此当渗透系数小于入渗强度时，碎石土将会以渗透能力最大值向内渗入，表现为碎石土层中入渗浸润峰突出，碎石土层水分场变化很快，从而影响两侧的炭质软岩填料水分增大。

第二阶段为降雨过后入渗前锋进一步向内迁移阶段,如图5-15b)～c)所示,这一阶段高含水率区域向低含水率区域继续迁移。但是降雨过后,入渗前锋没有充足的补给来源,此阶段入渗速率变得缓慢。

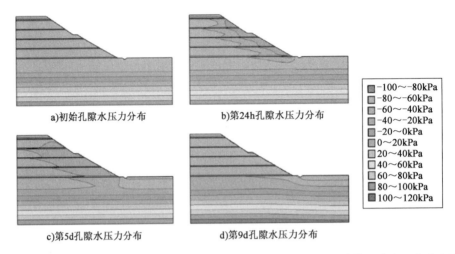

图5-15 炭质软岩填料和碎石填料夹层填筑路堤降雨过程中及雨后坡体孔隙水压力分布演化

第三阶段为路堤内部缓慢失水阶段,这一阶段路堤内部填料水分逐步下降,最后逐渐趋近残余含水率,水分运移缓慢,土体含水率逐渐达到平衡状态。在这阶段,碎石土层的水分下降较炭质软岩快;炭质软岩孔隙水压力会形成封闭区域,随时间逐渐减小并趋向路堤水分场平衡状态。此路堤结构从降雨结束至路堤水分场达到平衡状态大致需要8d时间。

(2)边坡稳定性变化特征。

由图5-16可知,炭质软岩填料和碎石填料夹层填筑路堤结构在正常工况(未降雨)条件下,稳定性系数为1.60。在降雨过程中,炭质软岩填料和碎石填料夹层填筑路堤结构稳定性表现为急剧下降,稳定性系数最小值为1.46。当降雨结束后,路堤结构的稳定性系数表现为缓慢上升,并随着时间逐渐趋向稳定。炭质软岩填料和碎石填料夹层填筑路堤结构在计算的360h处重新恢复到正常工况的稳定性状态。

路堤结构的稳定性系数与路堤填料的抗剪强度相关,而路堤结构的抗剪强度与路堤内部水分场密切相关,根据抗剪强度非线性方程,当雨水渗入路堤非饱和填料中,填料的抗剪强度减小,模量降低,进而表现为边坡稳定性系数减小。随着降雨入渗的不断进行,边坡稳定性下降的速率越来越快,在降雨停止时稳定性系数达到最低。当降雨停止后,路堤内部含水率减小并不断趋向稳定,稳定性系数又逐渐增加,但其恢复速率远小于降雨时的下降速率。

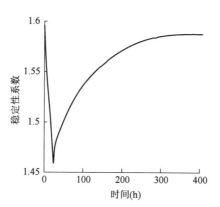

图 5-16 炭质软岩填料和碎石填料夹层填筑路堤稳定性系数随时间变化

5.4.2 考虑包边土的炭质软岩填料和土工格栅夹层填筑路堤

1）变形特征

（1）施工期变形特征。

考虑包边土的炭质软岩填料和土工格栅夹层填筑路堤采取在填筑一定厚度的炭质软岩后铺土工格栅,最后填筑包边土的方式。图 5-17 为各填筑层在施工期间的沉降变化。可以发现,第一、二、三、四填筑层的沉降随着距路堤中心线位置的增大而逐渐减小,第五填筑层的沉降表现为随着距路堤中心线位置的增大而逐渐增大的趋势。且随着填筑层数的增加,每一层路堤的沉降逐渐减小,与炭质软岩填料和碎石填料夹层填筑路堤的沉降特征相似。不同的是由于采用了包边土的结构形式,包边土的弹性模量较炭质软岩填料小,造成了第五填筑层的沉降随着距路堤中心线距离 X 的增大而逐渐增大的变化特征。

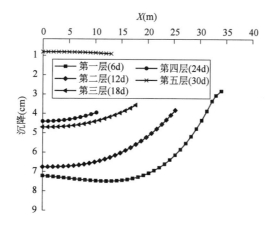

图 5-17 考虑包边土的炭质软岩填料和土工格栅夹层填筑路堤施工期各填筑层沉降

（2）运营期变形特征。

分析运营期路堤结构的侧向位移特征,如图 5-18a)所示,在路堤坡脚处侧向位移达到最大,路堤上部的侧向位移较小。分析运营期路堤结构的竖向位移特征,如图 5-18b)所示,同一深度处,路堤道路中心线附近的竖向位移较大,两端的竖向位移较小;由高到低,路堤的竖向沉降变形逐渐增大,竖向位移最大处为第一层路堤中心线附近。这与炭质软岩填料和碎石填料夹层填筑路堤的变形特性相似。

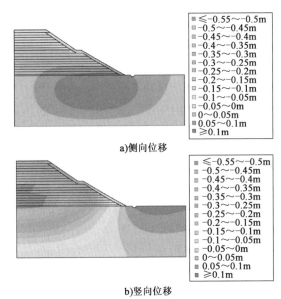

a)侧向位移

b)竖向位移

图 5-18　考虑包边土的炭质软岩填料和土工格栅夹层填筑路堤运营两年的位移分布

分析路堤竖向变形图和路堤中心线处总应力随路堤深度的变化曲线(图 5-19)可知,土工格栅的使用使路堤的竖向位移和应力都产生了明显的突变,说明土工格栅结构的应用可以提高路堤结构的强度和抗变形能力。

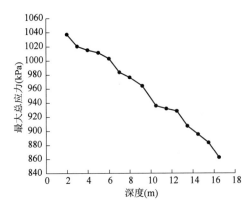

图 5-19　考虑包边土的炭质软岩填料和土工格栅夹层填筑路堤的
路堤中心线处最大总应力随深度变化

2）渗流及稳定性研究

（1）边坡入渗特性。

考虑包边土的炭质软岩填料和土工格栅夹层填筑路堤设置了包边土结构。由于包边土渗透系数较小，降雨入渗时，只有小部分雨水渗入至路堤内部；在包边土的防护作用下雨水入渗速率十分缓慢。图5-20a）~b）降雨结束后，水分继续向路堤内部迁移阶段，高含水率向低含水率区域迁移。图5-20c）~d）为路堤内部水分消散阶段，水分逐渐减小逐步趋向于炭质软岩填料的残余含水率。考虑包边土的炭质软岩填料和土工格栅夹层填筑路堤从降雨结束至路堤水分场达到平衡状态大致需要3d时间。

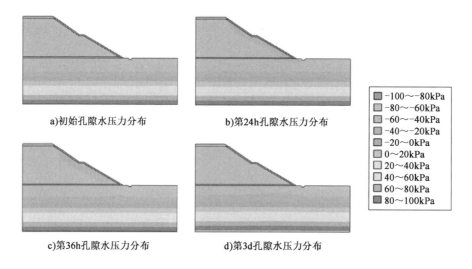

图5-20 考虑包边土的炭质软岩填料和土工格栅夹层填筑路堤降雨过程中及雨后坡体孔隙水压力分布演化

（2）边坡稳定性变化特征。

由图5-21可知，考虑包边土的炭质软岩填料和土工格栅夹层填筑路堤在正常工况（未降雨）条件下，稳定性系数为1.63。在降雨过程中，考虑包边土的炭质软岩填料和土工格栅夹层填筑路堤的稳定性与炭质软岩填料和碎石填料夹层填筑路堤结构的稳定性变化特征相似，都表现为随着降雨时间稳定性系数急剧下降，稳定性系数最小值为1.61。当降雨结束后，路堤结构的稳定性系数表现为缓慢上升，并随着时间逐渐趋向稳定。考虑包边土的炭质软岩填料和土工格栅夹层填筑路堤结构在计算的150h处重新恢复到正常工况的稳定性状态。相较炭质软岩填料和碎石填料夹层填筑结构，考虑包边土的炭质软岩填料和土工格栅夹层填筑路堤结构存在包边土结构，对降雨入渗具有阻碍作用，同时由于包边土能将绝大多数雨水隔绝，考虑包边土的炭质软岩填料和土工格栅夹层填筑路堤结构内雨水渗入量较炭质软岩填料和碎石填料夹层填筑结构少，因此能够很快恢复到正常工况的路堤稳定性状态。

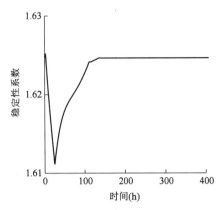

图 5-21 考虑包边土的炭质软岩填料和土工格栅夹层填筑路堤的稳定性系数随时间变化

5.4.3 考虑包边土的炭质软岩填料和碎石填料夹层填筑路堤

1）变形特征

（1）施工期变形特征。

考虑包边土的炭质软岩填料和碎石填料夹层填筑路堤采取在填筑一定厚度的炭质软岩后铺筑碎石土，最后填筑包边土的方式。图 5-22 为各填筑层在施工期间的沉降变化。可以发现，第一、二、三、四填筑层的沉降随着距路堤中心线距离的增大逐渐减小，第五填筑层随着距路堤中心线距离 X 的增大逐渐增大。随着填筑层数的增加，每一层路堤的沉降逐渐减小，与考虑包边土的炭质软岩填料和土工格栅夹层填筑路堤的沉降变形特性相似。

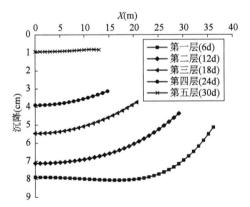

图 5-22 考虑包边土的炭质软岩填料和碎石填料夹层填筑路堤施工期各填筑层沉降

(2) 运营期变形特征。

考虑包边土的炭质软岩填料和碎石填料夹层填筑路堤的侧向位移如图 5-23a)所示,在路堤坡脚处侧向位移达到最大,路堤上部的侧向位移较小;竖向位移如图 5-23b)所示,同一深度处,路堤中心线到路堤边坡竖向位移逐渐减小,由上到下路堤的竖向位移逐渐增大,竖向位移最大处为第一层路堤中心线附近。与其他两个路堤结构的变形特性相似。

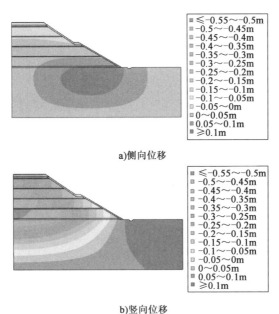

图 5-23　考虑包边土的炭质软岩填料和碎石填料夹层填筑路堤运营两年的位移分布

分析竖向位移图和运营两年路堤中心线的最大总应力随深度的变化曲线(图 5-24),发现碎石土层(5.5～5.8m、9.5～9.8m 和 13.5～13.8m)的上下位置沉降量变小,且应力出现了上下层的突变,说明碎石土层发挥了较强的应力抗力,有效缓解了路堤的沉降变形。

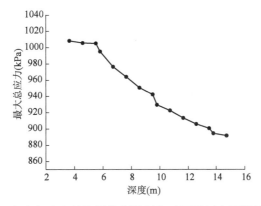

图 5-24　考虑包边土的炭质软岩填料和碎石填料夹层填筑路堤的路堤中心线最大总应力随深度变化

2)渗流及稳定性研究

(1)边坡入渗特性。

图5-25a)~b)为考虑包边土的炭质软岩填料和碎石填料夹层填筑路堤降雨入渗的第一阶段,在包边土的作用下,这一阶段与考虑包边土的炭质软岩填料和土工格栅夹层填筑路堤入渗特征相似。但是在碎石夹层的作用下,考虑包边土的炭质软岩填料和碎石填料夹层填筑路堤降雨入渗的第二阶段并不明显。这是因为当碎石土的渗透性大于渗水强度时,碎石土的渗透量就会等于渗水强度,而且碎石土层的持水能力较弱,碎石土层的水会被炭质软岩填料迅速吸附,且迅速消散,表现为碎石土两侧的炭质软岩含水率较大,碎石夹层含水率较小,进而路堤内部的水分迅速消散,路堤内部水分场迅速达到平衡,如图5-25b)~d)所示。考虑包边土的炭质软岩填料和碎石填料夹层填筑路堤从降雨结束至路堤水分场达到平衡状态大致只需要2d时间。

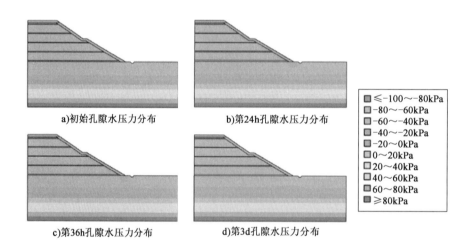

a)初始孔隙水压力分布　　b)第24h孔隙水压力分布

c)第36h孔隙水压力分布　　d)第3d孔隙水压力分布

图5-25　考虑包边土的炭质软岩填料和碎石填料夹层填筑路堤降雨过程中及雨后坡体孔隙水压力分布演化

(2)边坡稳定性变化特征。

由图5-26可知,考虑包边土的炭质软岩填料和碎石填料夹层填筑路堤结构在正常工况(未降雨)条件下,稳定性系数为1.60。在降雨过程中,考虑包边土的炭质软岩填料和碎石填料夹层填筑路堤结构稳定性与其他两个路堤结构稳定性变化特征相似,都表现为随着降雨时间稳定性系数急剧下降,稳定性系数最小值为1.59。当降雨结束后,路堤结构的稳定性系数表现为缓慢上升,并随着时间逐渐趋向稳定。考虑包边土的炭质软岩填料和碎石填料夹层填筑路堤结构在计算的140h处重新恢复到正常工况的稳定性状态,比其他两个路堤结构恢复时间短,说明包边土结构能隔绝大部分雨水入渗,采用碎石夹层结构的考虑包边土的炭质软岩填料和碎石填料夹层填筑路堤,由于碎石夹层持水能力较弱,能够起到排水的作用,使路堤稳定性更快恢复正常工况状态。

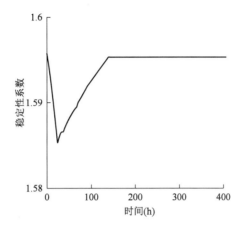

图 5-26　考虑包边土的炭质软岩填料和碎石填料夹层填筑路堤的稳定性系数随时间变化

5.5 综合对比分析

5.5.1 沉降变形特性对比

对比分析三种路堤结构的各结构层路堤中心点处在施工期的沉降变形,由表 5-4 可知,考虑包边土的炭质软岩填料和土工格栅夹层填筑路堤结构的沉降最小,说明采用土工格栅可以有效提高路堤结构的抗变形能力;对比炭质软岩填料和碎石填料夹层填筑路堤与考虑包边土的炭质软岩填料和碎石填料夹层填筑路堤,发现采用包边土结构比不采用包边土结构产生的沉降更大,说明包边土本身不受力,抵抗沉降变形能力较炭质软岩填料本身差,因此包边土结构会使路堤结构沉降变大。

施工期各层路堤中心点处沉降(cm) 表 5-4

路堤结构	层数				
	一	二	三	四	五
一	7.50	6.82	6.56	4.19	0.9
二	7.28	6.32	4.65	3.55	1.27
三	9.75	7.36	5.57	3.97	1.77

对三种路堤结构的两个特征点运营两年的最大总应力及沉降变形量进行对比分析，见表5-5和表5-6。从特征点一到特征点二，考虑包边土的炭质软岩填料和土工格栅夹层填筑路堤结构的应力差和沉降差变化最大，说明相比碎石夹层，土工格栅结构抗剪强度更高，更能抵抗路堤的沉降变形；对比都含有碎石夹层结构的炭质软岩填料和碎石填料夹层填筑路堤和考虑包边土的炭质软岩填料和碎石填料夹层填筑路堤，发现包边土的存在使路堤沉降变形增大，这是因为相比炭质软岩填料，包边土仅作为防护层不提供抵抗沉降变形的能力，但是增加了结构自重，使路堤结构性能下降，进而使路堤沉降变形增大。

运营两年最大总应力(kPa) 表5-5

路堤结构	一	二	三
特征点一	930.3	927.2	926.5
特征点二	901.7	897.1	899.6
差值	28.6	30.1	26.9

运营两年沉降变形(cm) 表5-6

路堤结构	一	二	三
特征点一	39.9	36.2	39
特征点二	46.5	44.7	44.5
差值	-6.6	-8.5	-5.5

运营两年三种方案路堤顶面中心点处的沉降随时间的变化如图5-27所示。由图5-27可知，三种路堤结构都是运营期初期增长较快，在运营后期增长较慢，直到最后趋于稳定。三种路堤结构在两年运营期的最终沉降量由大到小排序为考虑包边土的炭质软岩填料和碎石填料夹层填筑路堤、炭质软岩填料和碎石填料夹层填筑路堤、考虑包边土的炭质软岩填料和土工格栅夹层填筑路堤，分别为32.4cm、31.5cm、27.4cm。

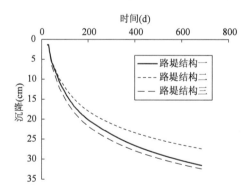

图5-27 运营过程中三种路堤结构的路堤顶面中心点处的沉降随时间变化

5.5.2 渗流特性及稳定性变化对比

由图 5-28 可知,不同方案的路堤结构稳定性变化整体表现为降雨过程中急剧下降,降雨结束后缓慢上升。受降雨影响稳定性系数下降最大的依次为炭质软岩填料和碎石填料夹层填筑路堤、考虑包边土的炭质软岩填料和碎石填料夹层填筑路堤、考虑包边土的炭质软岩填料和土工格栅夹层填筑路堤,依次下降了 8.57%、0.84%、0.65%。降雨对设置了碎石土和包边土的考虑包边土的炭质软岩填料和碎石填料夹层填筑路堤稳定性影响最小,对仅设置了碎石土的炭质软岩填料和碎石填料夹层填筑路堤结构影响最大。由图 5-28 可知,在没有包边土防护的情况下,碎石土层对降雨不仅没有起到排水的作用,反而会将雨水引入路堤内部,造成路堤内部含水率急剧增加,炭质软岩填料路堤中大量雨水入渗极易造成路堤崩塌、失稳等病害,因此包边土起到的防护作用对炭质软岩填料路堤稳定极为重要。相反,当设置包边土结构,碎石土层的存在可以提高排水效率,对比考虑包边土的炭质软岩填料和碎石填料夹层填筑路堤、考虑包边土的炭质软岩填料和土工格栅夹层填筑路堤结构,降雨结束后,设置碎石土层的考虑包边土的炭质软岩填料和碎石填料夹层填筑路堤 2d 就达到了水分场平衡,而不设置碎石土结构的考虑包边土的炭质软岩填料和土工格栅夹层填筑路堤结构 3d 左右才达到水分场平衡,说明碎石土层更有利于水分消散。

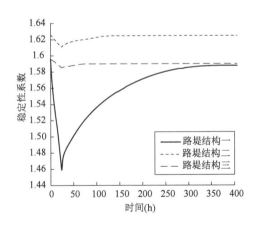

图 5-28 三种路堤结构的稳定性系数随时间变化

5.5.3 最优方案比选

通过分析填筑过程及运营期各方案路堤的位移变化和应力分布,发现采用碎石土夹层或土工格栅结构均可以有效缓解路堤沉降变形;而包边土结构不仅不能承受荷载,较厚的包边土甚至会增大路堤沉降。对比各方案填筑过程及工后的沉降特征,使用土工格栅+包边土结构的路堤结构形式是更好地抵抗沉降变形的炭质软岩填料高填方路堤结构形式。

在正常工况(不降雨)条件下,采用加筋结构的路堤结构形式稳定性系数大于其他两个路堤结构的稳定性,说明加筋结构路堤可以有效提高路堤的稳定性。综合考虑三种路堤结构形式,使用考虑包边土的炭质软岩填料和土工格栅夹层填筑路堤是较合适的炭质软岩填料高填方路堤结构形式。

5.6　本章小结

本章通过不同结构形式下路堤的数值计算模型,评价不同工况条件下(正常工况、降雨工况)路堤内部的湿度分布特征、工后沉降变形特征,以及路堤边坡的稳定性。主要结论如下:

(1)分析施工期和运营期道路位移和应力分布,发现随着填筑层数的增加,路堤沉降逐渐减小;道路中心线处的沉降变形最大;沉降变形会随时间变化趋向稳定。碎石土和土工格栅两种措施都可以有效减少炭质软岩填料高填方路堤沉降变形。相较其他两种路堤结构形式,考虑包边土的炭质软岩填料和土工格栅夹层填筑路堤在施工期和运营期的沉降变形最小。

(2)降雨入渗路堤内孔隙水压力变化大致可以分为三个阶段,第一阶段为降雨过程入渗前锋快速向路堤内部迁移阶段;第二阶段为降雨过后入渗前锋进一步向内迁移阶段;第三阶段为路堤内部缓慢失水阶段。

(3)在无包边土的防护作用下,碎石土会促进水分渗入路堤内部;在有包边土防护作用下,碎石土结构则会加快水分消散;土工格栅可以有效提高路堤的稳定性。降雨过程中,稳定性系数会急剧减小;降雨结束后,稳定性系数缓慢增大并趋向稳定。

(4)横向对比三种炭质软岩填料高填方路堤结构形式,使用土工格栅且具有包边土结构的路堤结构具有较好的降雨入渗稳定性和抵抗沉降变形的能力,是较合适的炭质软岩填料高填方路堤结构形式。

第6章 炭质软岩填料路堤利用原则与结构设计

6.1 炭质软岩填料的利用原则

6.1.1 原岩的初步筛选

炭质软岩中常含有一定量的硫化铁,硫化铁在水分、氧气的催化下会发生一系列缓慢的氧化产热现象。热量在炭质软岩内部积累到一定程度并达到临界温度(80~90℃)后,填料中碳质可燃物快速氧化产热并发生排酸反应;当内部温度继续升高至炭质软岩着火点时会出现自燃现象,对路堤自身及邻近工程结构都极为不利。故炭质软岩的自燃倾向与含碳量和含硫量有关,含碳量小于6%的炭质软岩可用作路堤材料;炭质软岩中黄铁矿含量较高且全硫量大于2.0%时,不宜作为路堤填料。

炭质软岩是煤系地层中介于一般泥岩和煤岩之间的岩石,因目前没有具体针对炭质软岩自燃能力的划分,此处借鉴《煤自燃倾向性色谱吸氧鉴定法》(GB/T 20104—2006)中煤样自燃倾向性分类,以每克干煤在常温(30℃)、常压(1.0133×10^5 Pa)下的吸氧量、全硫量作为分类的主要指标。炭质软岩原岩自燃能力的划分可按表6-1、表6-2确定。

干燥无灰基挥发分 $V_{daf} > 18\%$ 时自燃倾向性分类　　　　表6-1

自燃倾向性等级	自燃倾向性	吸氧量 V_d(cm³/g)
Ⅰ类	容易自燃	$V_d > 0.70$
Ⅱ类	自燃	$0.40 < V_d \leq 0.70$
Ⅲ类	不易自燃	$V_d \leq 0.40$

干燥无灰基挥发分 $V_{daf} \leq 18\%$ 时自燃倾向性分类　　　　表6-2

自燃倾向性等级	自燃倾向性	吸氧量 V_d(cm³/g)	全硫 S_Q(%)
Ⅰ类	容易自燃	≥1.00	≥2.00
Ⅱ类	自燃	<1.00	≥2.00
Ⅲ类	不易自燃	—	<2.00

炭质软岩常与煤系地层共生,应具体了解岩石的自燃等级,自燃倾向性为易自燃和自燃时,不得作为路堤填料。

6.1.2 原岩的分类

无论软质岩岩性如何,其能否用于路堤填筑以及如何填筑,核心在于其用于路堤压实填筑后的强度和变形能否满足交通荷载的要求,以及其长期处于自然环境中时的强度和变形是否稳定。炭质软岩易崩解软化,浸水后强度衰减较大,利用炭质软岩填筑路堤前,应掌握填料的长期力学性能,选取强度指标合格的材料进行路堤填筑。为充分利用炭质软岩填料,指导炭质软岩填料路堤设计与施工,必须首先根据填料性质进行填料等级划分。

《公路软岩路堤设计与施工技术规程》(T/CECS G:D22-02—2022)提出,崩解性是体现炭质软岩在干湿循环环境下水理性质的综合指标,其与炭质软岩填料路堤工程表现密切相关。采用不具备崩解性的炭质软岩填筑的路堤,在工后,路堤几乎不会受自然水温环境的影响,可以按普通填石路堤进行施工;易崩解的炭质软岩在充分破碎或依靠自然干湿循环预崩解后消除了崩解性,用它填筑的路堤,工后性质表现与填土路堤差异不大,因此可按填土路堤施工;这两种情况工程中处理相对容易。但是如果岩石有崩解性,但又崩解缓慢,强度甚高难以破碎和预崩解,如果不能在压实前消除其崩解性,那就需要对路堤进行特殊的设计和施工,以避免工后炭质软岩填料路堤强度降低和发生过量变形。

基于以上论述,通过借鉴国内软岩填筑的成熟经验与其他项目利用炭质软岩的实践经验,项目提出同时考虑炭质软岩崩解性、崩解形态、抗压强度等指标的填料分类方法,具体分类按表6-3进行。

炭质软岩原岩的分类 表6-3

炭质软岩原岩分类	崩解性	崩解形态类别	饱和单轴抗压强度(MPa)
Ⅰ类	难崩解	轻微开裂	$15 < R_w \leq 30$
Ⅱ类	难崩解	轻微开裂	$R_w \leq 15$
Ⅲ类	易崩解	块状崩解	—
Ⅳ类	易崩解	泥状崩解	—

(1)Ⅰ类炭质软岩填料是母岩岩块难崩解且强度较高的填料。这类填料的母岩在施工中采用常规设备很难破碎,但在运营中岩石会逐渐崩解,可导致路堤建成后发生长

期持续的沉陷病害。此类填料路堤,在施工中应制定特殊的施工工艺确保充分压实,确保路堤本身不产生崩解沉陷病害,如果不能则必须对路堤做外包封水处理。

(2)Ⅱ类炭质软岩填料是母岩岩块难崩解,但强度较低的填料。这类填料路堤在施工中采用常规设备和工艺施工,经充分压实后就能消除填料崩解性的危害。

(3)Ⅲ类炭质软岩填料是崩解性较强,崩解产物成块状的岩石。母岩强度较高的(>15MPa)的填料,可通过预崩解或机械破碎,将其破碎到设计要求的级配,压实后可消除填料崩解性的危害;母岩强度较低的(5~15MPa)的填料,采用常规设备和工艺施工,经充分压实后就能消除填料崩解性的危害。

(4)Ⅳ类炭质软岩填料岩是崩解性较强的岩石,崩解产物成渣状的岩石。这类填料的母岩强度较低(≤5MPa),采用常规设备和工艺施工,经充分压实后就能消除填料崩解性的危害。这类填料若长时间浸水,会导致CBR强度不足,可采用物理、化学方式对其进行改良、加固。采用物理、化学方式改良炭质软岩填料的方式有土工格栅加固、水泥改良、石灰改良、砂砾改良及生物聚合物改良等。以上方式均可大大减小路堤沉降,提高炭质软岩填料的强度和水稳定性,以及炭质软岩填筑路堤的耐久性。具体改良方式及掺量的选择视公路等级、当地气候特征、水文地质条件及经济成本而定。

1)崩解性的划分

炭质软岩的崩解性划分应根据现行《公路工程岩石试验规程》(JTG E41)耐崩解性试验,结果按表6-4进行分类。

软质岩崩解性分类　　　　　　表6-4

分类	不崩解	难崩解	易崩解
耐崩解性指数 I_{d2}(%)	>95	85~95	<85

在工程上对"不崩解"或"易崩解"软质岩制定处治对策都相对容易,其工程措施分别是"不"需额外处治,或"易"处治。如果岩石不属于"不崩解岩石",也不属于"易崩解岩石",则意味着工程处理有"难"度,那么可归为"难崩解"岩石。在湖南省平江地区存在这样的红砂岩,其饱和单轴抗压强度接近20MPa,烘干浸水24h不崩解,开挖暴露后一定时间内,并不发生明显的崩解,但是如果持续观察,可发现在经过几个月后,岩石表面会逐渐出现裂纹,最终岩石会崩解成大小不等的碎块,这类岩石就属于"难崩解"岩石,在工程中要格外注意,如果误判为"不崩解"岩石,会带来工程上的损失。

2)崩解形态类别划分

软质岩填料的崩解形态对如何处治其有指导意义。崩解形态应根据岩块烘干后浸水的试验结果,按表6-5进行分类。烘干浸水24h崩解为成堆状泥状、渣状或粒状者,崩解产物的粒度接近土,可采用与土相同的改良方法,如掺水泥、石灰等,将这类炭质软岩称为泥土状崩解。烘干浸水24h,岩块整体形状能保持不变,没有贯通裂缝产生的软质岩,其填料强度一般都能满足路堤要求,不需要改良,将这类软质岩称为轻微开裂崩解。烘干浸水24h,岩块会崩解但不成堆状的软质岩,其填料强度变化范围大,如果需要改良,不能像改良土一样掺水泥、石灰等,需针对软岩填料颗粒级配特性、崩解性综合考虑,慎重处理,将这类软质岩称为块状崩解。

炭质软岩崩解形态分类 表6-5

分类	轻微开裂	块状崩解	泥土状崩解
崩解形态	形状不变化,无贯通裂纹	崩解为数块或许多块	崩解为成堆的泥状、渣状或粒状

炭质软岩崩解形态试验方法如下:

(1)取6块有代表性的岩块,每块质量为30~50g。

(2)将岩块在105~110℃温度下烘干16h,取出在干燥器中冷却至室温。

(3)在室温下,将各岩块单独完全浸没在不同盛水容器中24h,视崩解物总体特征按表6-3确定软质岩崩解形态分类。浸水可为一般饮用水或蒸馏水。

6.1.3 填料的技术要求

Ⅰ类、Ⅱ类、Ⅲ类、Ⅳ类软质岩在水的作用下会发生软化,在干湿循环作用下强度会不断衰减。中交第二公路勘察设计研究院有限公司张静波等人对贵州地区炭质软岩干湿循环后的路用性能进行了研究,建议采用5次干湿循环后的CBR值和回弹模量值作为长期强度指标,炭质软岩填料的CBR值基本处于稳定状态。中交第二公路勘察设计研究院有限公司在云南墨临高速公路进行了炭质软岩干湿循环CBR试验,发现易崩解炭质软岩5次干湿循环后强度基本稳定,难崩解炭质软岩虽然历经5次干湿循环后强度仍在衰减,但其CBR值仍有11%。因此,对Ⅰ类、Ⅱ类、Ⅲ类、Ⅳ类,应进行多次干湿循环试验,直至填料的CBR值趋于稳定为止。

炭质软岩填料加州承载比应满足表6-6的要求,当强度不满足要求时,可对其进行物理或化学改性,改性掺量应根据试验确定。宜选用级配较好的炭质软岩填料,Ⅰ类、Ⅱ类、Ⅲ类填料中粒径大于5mm的粗颗粒含量占比宜为30%~70%。

炭质软岩填料加州承载比要求 表6-6

路堤填料		路面底面以下深度(m)	加州承载比 CBR(%)		
			高速公路、一级公路	二级公路	三、四级公路
上路堤	轻、中等及重交通	0.8~1.5	4	3	3
	特重、极重交通	1.2~1.9	4	3	—
下路堤	轻、中等及重交通	1.5 以下	3	2	2
	特重、极重交通	1.9 以下			

注:当三、四级公路铺筑沥青混凝土和水泥混凝土路面时,应采用二级公路的规定。

6.1.4 干湿循环条件下炭质软岩填料的强度试验

1)试验目的

测定炭质软岩填料试样经历干湿循环作用下的 CBR 强度,以反映炭质软岩填料在干湿循环作用影响下的长期承载能力。

2)试验仪器

同《公路土工试验规程》(JTG 3430—2020)中的 CBR 试验仪器设备。

3)试验步骤

(1)备料。

采取试料约 180g,筛除试料中粒径大于 40mm 的颗粒,将已过筛的试料依次用四分法分成 9 份。

(2)试样制备。

取出 6 份试料做击实试验,获得击实曲线,求取最大干密度和最佳含水率以及 96% 压实度所对应的干密度。

(3)干湿循环模拟。

将剩余的 3 份试料按照 96% 压实度进行制样,进行 5 次干湿循环操作。

①将试样制备完成后让试件底部浸水,使试件在毛细作用下饱和,然后逐步升高水位至试件全部浸入水面以下为止,让试件在水下浸泡 4d 后,完成浸水饱和过程(0 次干湿循环)。

②干湿循环步骤:浸水饱和后将试件从中取出,放入电烘箱中烘干,完成失水过程,烘干时长定为 12h,然后再次将试件在水下浸泡 4d 后,完成浸水饱和过程(此为干湿循

环1次),再重复试件干湿循环步骤4次(此为干湿循环共计5次)。

(4)干湿循环强度测试。

当测试试样干湿循环条件下的CBR强度时,将完成干湿循环的试件按照《公路土工试验规程》(JTG 3430—2020)的规定分别进行CBR试验。

4)结果整理

干湿循环测试后,试样的CBR值计算应按照《公路土工试验规程》(JTG 3430—2020)的规定执行。

6.1.5 填料的利用部位

强度指标合格的炭质软岩可作为一般填方路段下路堤部分的填料。其最小承载比应满足《公路路基设计规范》(JTG D30—2015)的要求,采用炭质软岩填筑的路堤应重点加强路基的截排水措施。炭质软岩填料利用部位应符合下列规定:

(1)严格控制炭质软岩填料利用部位,炭质软岩填料不宜用于路床填筑。

(2)水源保护区范围内不应采用炭质软岩填筑路堤。

(3)路基填挖交界处、陡坡路堤等,不应采用炭质软岩填料填筑。

(4)炭质软岩填料严禁用于浸水路堤洪水位以下的路基填筑,严禁用于低洼易积水路段积水深度以下的路基填筑。

(5)炭质软岩填料严禁用于桥涵、挡墙等台背的回填。

6.2 炭质软岩填料路堤设计

公路路基耐久性主要是由路基的强度和稳定性决定。因炭质软岩黏土矿物中高岭石和蒙脱石含量较高,具有一定的亲水性和膨胀性,且水分对炭质软岩填料的CBR强度、回弹模量、蠕变变形等影响很大。无论采用物理方法还是化学方法来改良、处治炭质软岩,关键是保湿、防渗、防风化,切断其与周边环境发生的水分交换,即尽可能使边坡土体保持其湿度不发生大幅度变化。因此,为避免炭质软岩填料路堤出现不均匀沉降、滑塌等病害的发生,应尽量避免雨水渗入路堤。

针对炭质软岩特殊的工程性质,炭质软岩填料路堤总体设计思路为:严格控制填料利用部位,采用在路堤设置隔水垫层、两侧包边封闭、顶部封盖等物理措施,控制气候环境和地下水对路堤湿度的影响,保证路堤稳定。

6.2.1 路堤结构设计

炭质软岩填料路堤应采用底部设置隔水垫层、两侧包边封闭、顶部封盖等物理措施,控制气候环境和地下水对路堤湿度的影响,保证路堤稳定。炭质软岩可采用"全包裹""夹心饼干型"组合,每填筑小于2m厚炭质软岩,夹铺一层30~50cm厚碎石土。在路堤基底填筑一定厚度的碎石排水垫层,炭质软岩填料路堤顶部加铺一层防水土工布或掺水泥改良层封闭,路堤采用黏土包边。

炭质软岩分布地区降水比较丰富,地下水埋藏较浅。考虑到毛细水上升及地表水浸入路堤造成路堤强度下降,应在路堤底部设置隔断层,阻止水分渗入路堤。

隔断层一般可分为透水性隔断层与不透水性隔断层两种类型。透水性隔断层的材料可采用碎石、砂砾或无机结合料等;不透水性隔断层的材料可采用复合土工膜、土工膜等。

《公路路基设计规范》(JTG D30—2015)关于垫层厚度的规定有:①对于膨胀土填方路堤,规定底部垫层设置厚度为"垫层厚度不宜小于0.5m";②对于盐渍土地区,规定路堤隔断层设置厚度为"隔断层设置层位应高出地表或地表长期积水位0.2m以上"。考虑到炭质软岩遇水后强度衰减较大,应预留0.5m的安全高度,因此隔断层应高出地表或地表长期积水位0.5m以上。砾(碎)石最大粒径不宜大于50mm,其中粒径小于0.5mm的粒料质量不应大于5%。

炭质软岩填料路堤典型结构如图6-1所示。

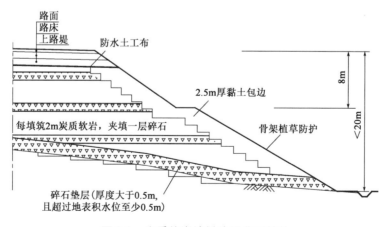

图6-1 炭质软岩填料路堤典型结构

路堤连续包芯填筑厚度不宜大于6m,且宜填筑在路堤中部,其上、下其余部分路堤应采用满足路堤要求的合格填料填筑,且上方至少填筑一层防水封闭填料,宜采用含砂(砾)黏性土或防渗复合土工膜。

路堤边坡坡率应根据路堤边坡的高度、填料性质、区域气候特点,并参照既有路堤的成熟经验综合确定。边坡高度不大于12m的路堤边坡坡率和边坡平台的设置,可参照表6-7确定。当边坡高度大于12m或采用其他较陡的坡率时,路堤边坡坡率、平台宽度和防护支挡措施应通过稳定性计算确定。

路堤边坡坡率与平台宽度　　　　表6-7

边坡高度(m)	边坡坡率	边坡平台宽度(m)
<8	1:1.5	2
8~12	1:1.75	≥2

填方坡脚应做好防排水设计,上游坡脚需要设置防渗措施,基底及下游坡脚应设置排水垫层。路堤洪水位之下范围的填料严禁采用炭质软岩。

炭质软岩填料路堤与挖方段路基的纵向过渡段处理应符合以下规定:

(1)路基填挖交界处存在不同程度的不均匀沉降变形,过渡区设置有利于路基沉降变形的平缓过渡,如图6-2所示。过渡区顶面纵向长度可按式(6-1)计算:

$$L = (1.5 \sim 2.0)H + (3 \sim 5) \quad (6-1)$$

式中:L——过渡区顶面纵向长度(m);

H——填方区路基填筑高度(m)。

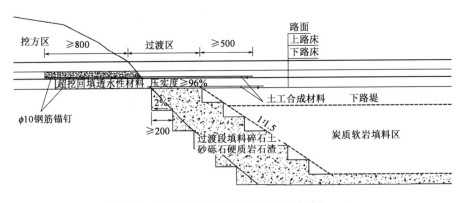

图6-2　纵向过渡段处理示意图(尺寸单位:cm)

(2)纵向过渡段应开挖台阶。

(3)纵向过渡段应采用碎石土、砂砾石、硬质石渣等填料,严禁采用炭质软岩填料。

(4)应在过渡区段路床位置铺设土工格栅,并设置排水垫层,地下水发育路段应设置截水盲沟,隔断地下水向炭质软岩填料路堤段渗流。

6.2.2 防水与排水工程设计

炭质软岩分布地区降雨丰富,调研发现区域路堤排设施失效概率较高,由于坡面冲刷导致排水结构物脱空、失效导致雨水入渗的情况时有发生,因此,应特别注意炭质软岩填料路堤的排水和防冲刷设计。炭质软岩填料路堤的防排水设计原则如下:

(1)路堤防水、排水设计需要结合气象、地貌、地层、桥涵构造物等情况综合考虑。路堤截、排水沟以及路堤内部渗水盲沟等应形成完整系统,排水衔接顺畅,快速排离路堤范围。路堤内部排水系统应排泄顺畅,并与坡面排水结构对准衔接,同时应加强路面结构层基底、路床顶部的隔水处理。

(2)路堤顶部是雨水入渗路堤的主要通道,需设置完善的防排水设施,路面结构基底应进行隔水处理,以下应铺设覆盖整个软岩填料的隔水层,路面中分带渗沟沟底和沟侧应采用防渗土工布包裹封闭,防止雨水渗入路堤内部。降雨量较小、中央分隔带较窄时,中央分隔带可采用表面铺面封闭分散排水。

(3)坡面应设置急流槽,并于平台设置平台截水沟,通过坡面急流槽、截水沟和排水沟快速排导出路堤范围。当地面横坡陡于1:20时,应在路堤上方侧的排水沟下设置截水盲沟。当地面横坡陡于1:10时,应在原地面挖台阶,台阶宽度不小于2m。

(4)路堤基底应设置砂砾或碎砾石土排水垫层,厚度不宜小于50cm。基底为炭质软岩时,为防止基底软化,应在清理好的基底和排水垫层之间应设置封闭层。排水垫层是重要的功能层,对填料隔离地下水影响至关重要。同时,该层成为路堤内部输水通道,地基为炭质软岩极易被软化形成滑动面,填方路堤失稳多基于此类原因。因此,针对炭质软岩地基,须采用混凝土或"两布一膜"、三维排水垫等土工材料对地基土进行封闭后,方可设排水垫层。封闭层可采用水泥土、石灰土或土工合成材料。

(5)在富水挖方边坡坡脚、填挖交界、半填半挖、富水填方基底上游等均应设置截水渗沟,就近引出路堤范围外,渗沟尺寸视地下水情况而定。路堤渗沟上游侧须设置透水土工布,下游侧和基底设置防水土工布。

(6)临时排水要充分考虑永临结合,避免二次改移造成资源浪费,同时确保排水顺畅,防止排入农田及保护性水源,污染环境。

(7)排水沟和截水沟的断面形式应结合地形、地质条件确定,沟底纵坡不宜小于0.3%。为避免坡顶或坡面的雨水经路堤坡面的缝隙渗入到坡体内软化炭质软岩,在坡面内部应设置有效的隔水层,路堤平台应进行铺砌。

6.2.3 防护及支挡工程设计

炭质软岩填料路堤在运营过程中受自然环境影响较大,特别是在雨水的作用下发生路堤软化。为了保证炭质软岩路堤具有足够的强度和稳定性,避免炭质软岩路堤病害发生,须采取合理的工程防护措施。工程防护采取骨架和植物防护相结合的综合措施,防止路堤病害,并与周围环境相协调。防护与支挡工程设计应满足以下原则:

(1)路堤边坡应设置有效的坡面防护工程,应根据当地气候、水文、地形和地质条件及炭质软质岩填料性质,采取工程防护和植物防护相结合的综合措施,防止路堤病害,保证路堤稳定,并与周围环境相协调。

(2)路堤防护要点在于隔离封闭,可采用黏土包边+骨架绿化、坡面防渗膜+骨架绿化、坡面防渗膜+挂网喷混植生、坡面混凝土封闭等形式。封闭防护措施应覆盖整个坡面,避免雨水渗入填方体内部,并在下游预留路堤内部水排泄通道。

(3)当路堤边坡高度较高,因炭质软岩填料强度折减导致边坡稳定性不能满足现行《公路路基设计规范》(JTG D30)要求时,可在两侧边坡内分层铺设高强土工格栅或其他加筋材料。

(4)对于陡斜坡路段,应根据稳定性计算结果,在坡脚设置抗滑支挡设施,需将基础深度埋入大气影响深度以下。

(5)炭质软岩含有芒硝、硫化铁等硫化物,其土壤浸出液呈酸性,缺乏氮磷等矿物元素,植物难以成活。因此,坡面植草防护的培土不得采用炭质软岩渣土。

(6)炭质软岩路堤的各类边坡防护结构应避免形成坡面或坡体内部积水,需进行有针对性的排水疏导设计。

(7)季冻区炭质软岩填料路堤的暗埋管(沟)应设置在最大冰冻深线之下,暗埋管(沟)出水口应采取防冻措施。

下面以墨临高速公路为例,分析黏土包边+骨架绿化、坡面封闭+现浇混凝土板、坡面防渗膜+骨架绿化、坡面防渗膜+挂网喷混植生这4种方案的适用性。

1)黏土包边+骨架绿化

使用黏土包边是国内常规做法,是处理红黏土、高液限土、膨胀土、松散沙土等公路路堤的常用方式,工艺成熟,可行性高。外侧正常铺设拱形骨架植草,坡面防护基价指标为 115 元/m²。

2) 坡面封闭 + 现浇混凝土板

该方案类似公路河岸防冲刷措施,在坡面上铺设 10cm 砂砾垫层,之后加铺 25cm 现浇混凝土板。该类方案在煤矸石路堤使用,同时可解决自燃问题。但该方案成本最高,基价指标为 180 元/m²,坡面大面积圬工,与自然环境不协调,与现行设计理念不符。

3) 坡面防渗膜 + 骨架绿化

该方案类似河道防渗措施,在填方坡面平整锤面后,在垫层上铺设防渗土工膜(两布一膜),之后按常规施工拱形骨架及绿化。该方案的优点是省去黏土包边工艺;缺点是造价高,基价指标为 160 元/m²,防渗膜易被底部石料或上部骨架施工扎破,造成雨水下渗,炭质软岩软化,进而影响填方坡体安全。

4) 坡面防渗膜 + 挂网喷混植生

该方案类似河道防渗措施,在填方坡面平整锤面后,铺设防渗土工膜(两布一膜),在该膜之上挂钢筋网,喷射厚 10cm 植生混凝土,植生混凝土包含水泥、草种、种植土等。该方案的优点是施工进度最快,方案造价较低,基价指标为 156 元/m²;缺点是挂钢筋网需要打短锚杆或 U 形钉,需频繁刺破土工膜,直接铺设的土工膜也易被基底尖石扎破,造成雨水下渗,炭质软岩软化,进而影响填方坡体安全。

综上所述,防护与支挡工程的造价从低到高为:黏土包边 + 骨架绿化、坡面防渗膜 + 挂网喷混植生、坡面防渗膜 + 骨架绿化、坡面封闭 + 现浇混凝土板。坡面侧面封闭建议采用包边土 + 骨架绿化的形式。

骨架施工前应修整坡面,骨架嵌入深度满足稳定和绿化植草需要,保证骨架紧贴坡面,防止产生变形或破坏。铺设后应及时进行培土绿化。黏性土包边 + 骨架绿化、坡面防渗膜 + 骨架绿化等封闭防护措施应覆盖整个坡面,避免雨水渗入填方体内部,并在下游预留路堤内部水排泄通道。炭质软岩两侧边坡内分层铺设高强土工格栅或其他加筋材料时应铺贴平顺,衔接紧密,反包长度应满足设计要求。斜坡路段挡墙等抗滑构造物施工须将基础深度埋入大气影响深度以下,基坑回填土须做防渗处理,墙背填料须采用水稳性材料,墙身设置泄水孔。路堤内部排水盲沟与挡墙冲突时应合理衔接,不得堵塞。

6.3 炭质软岩填料路堤施工

6.3.1 路堤施工的要求

炭质软岩填料路堤施工前应开展以下准备工作：

(1)路堤施工前应根据设计文件和现场情况等编制专项施工方案,并对各类施工人员进行岗位培训、安全和技术交底。

(2)炭质软岩填料使用前应进行必要的土工试验,确定填料长期路用性能,经批准后方可作为路堤填料使用。炭质软岩易崩解软化,填料的长期强度衰减较大,利用炭质软岩填筑路堤前,应掌握填料的长期力学性能,选取强度指标合格材料进行路堤填筑。长期路用性能的评价可采用多次干湿循环后的 CBR 值。

(3)二级及以上公路路堤施工前应选择代表性路段作为试验工程,对炭质软岩填料路堤设计方案和施工工艺进行验证。实施试验路段的目的在于检验设计方案和设计理论方法的合理性和可靠性,为修正和完善设计提供依据,确定施工工艺,确定工程质量控制方法和标准,确保工程质量和安全施工。

(4)路堤填筑宜在旱季进行,雨季施工时应及时封闭路堤,基底和已填筑的路堤不得被水浸泡。

(5)路堤排水工程宜做到永临结合,临时工程应与永久工程综合考虑。

(6)防护工程施工应与路堤填筑施工紧密结合、合理衔接,防止降水对坡面的破坏。

(7)路堤施工应采取严格的环保措施,合理布置堆料场和弃渣场,做好现场防尘,防止路堤施工对水、空气、景观等产生污染。这是因为炭质软岩填料遇水后强度衰减大,在暴雨季节易引发滑坡、泥石流等灾害。因此,炭质软岩填料路堤施工应合理布置堆料场和弃渣场,防止路堤施工污染环境。

(8)炭质软岩填料路堤应进行动态化施工,及时根据现场施工及监测情况调整施工组织、施工工艺等。

6.3.2 施工前的准备

炭质软岩填料路堤施工前应做好下列准备工作:

(1) 路堤施工前,应全面理解路堤设计文件、清楚设计意图和技术要求,现场核对施工范围内地质、水文和施工条件等情况,确定设计资料与实际的符合性、处理方法的适用性。

(2) 对炭质软岩填料、隔断层、包边封盖用土进行调查与试验,确定来源、路用性能、储量、运输条件等。

(3) 对土工格栅、土工布等土工合成材料的性能进行检验,并准备好连接、张紧用工具。

(4) 为避免运营期雨水渗入路堤填料吸湿崩解,导致路堤产生较大变形,在施工之前尽量采用机械、洒水或自然崩解处理。Ⅰ类、Ⅱ类软岩难崩解,可直接采用机械破解至合适粒径用于路堤分层填筑,最大粒径不宜超过150mm,并不超过层厚的2/3。Ⅲ类、Ⅳ类炭质软岩易崩解,可采用机械破碎、耙压、碾压或洒水晾晒等措施实现预崩解,洒水时应避免填料泡水。填料崩解或破碎达到一定程度后再进行压实,以消除填料的崩解性。

(5) 路堤填筑前应进行清表、压实:二级及二级以上公路一般土质压实度不应小于90%;三、四级公路不应小于85%。基底自然横坡陡于1:5时,路堤基底应进行挖台阶处理,每级台阶宽度不小于2m,台阶向内坡度不小于4%。基底存在软弱地基时,应进行地基处理。地基为炭质软岩时应采取隔离封闭等保护措施,避免炭质软岩地基软化。我国西南、华南等多雨地区,应注意陡坡路段地基浸水软化引起的路堤滑移问题,重视软弱地基和炭质软岩地基的处治。

(6) 路堤填筑前,应及时施作场地的截水沟、排水沟等设施。

(7) 炭质软岩填料路堤试验路段应选择地质条件、路堤断面形式等具有代表性的地段,长度不宜小于200m。试验段宜经历1个雨季的监测。

(8) 试验路段完成后,应及时编制试验路段总结报告,试验路段成果应包括:①炭质软岩填料的路用性能等的试验检测报告;②压实工艺主要参数(机械组合、压实机械规格、松铺厚度、碾压遍数、碾压速度、最佳含水率及碾压时含水率范围等);③过程工艺控制方法;④质量控制标准;⑤施工组织方案及工艺的优化;⑥原始记录、过程记录,监测结果报告;⑦对设计方案的优化建议等;⑧安全保证措施;⑨环保措施。

6.3.3　路堤填筑施工

炭质软岩填料路堤填筑施工应满足下列要求:

(1) 路堤两侧超宽填筑不小于50cm,以保证路堤边部得以压实。路堤每填筑3m高应校核路线中线和宽度。

(2)隔断层(隔水垫层)的厚度应满足设计要求,宜采用砂砾、硬质石渣。

(3)防渗复合土工布的施工应符合:①防渗复合土工布下部和上部应铺设保护垫层,防止刺破。②采用全断面铺设时,两侧不能暴露于路堤外,铺设时应使其平整无褶。当检查发现有破损时,应在破损处用2倍破损面积的膜材修补。③搭接宽度不小于30cm,搭接时应使高端压在低端上。④铺设完后进行一次铺设情况检查,铺设达到质量要求后,及时铺设中粗砂保护层,并设置横向排水坡度,经人工整平后碾压达到压实度要求后,再填筑上层路堤填料。

(4)路堤加筋土工材料应按设计位置水平铺设在已经整平、压实的土层上。压实面与筋材之间应保证有不少于150mm厚的填料。

(5)炭质软岩填筑包边土应与路堤部分炭质软岩同步分层填筑、碾压,包边黏土的宽度应满足设计及刷坡要求。松铺厚度宜为30~50cm,碾压工艺和分层摊铺厚度应根据现场试验确定。压实机械宜选用自重不小于18t的振动压路机,使较大粒径的石块得到破碎。碾压时应从两边向中间进行。填料的最大粒径不宜超过层厚的2/3,应使大粒径石料均匀分散在填料中,石料间孔隙应填充小粒径石料和土。填料岩性或土石比例相差大时,宜分层或分段填筑。填料由炭质软岩变化为其他填料时,最后一层的压实厚度应小于300mm,该层填料最大粒径宜小于150mm,压实后表面应无孔洞。采用强夯、冲击压路机进行补压时,应避免对附近构筑物造成影响。

(6)炭质软岩填料路堤压实过程中应严格控制填料的含水率。

(7)改良炭质软岩填料路堤施工应符合:①掺石灰或水泥的剂量应根据试验确定;②掺料与炭质软岩填料应拌和均匀;③碾压结束后应立即进行养生,养生期间除洒水车等施工车辆外,禁止任何车辆通行。

(8)填方应随填随压,当天填筑的土层应当天完成压实工作。填筑完成的路堤应及时施工封盖层,避免水分从上部渗入路堤。

(9)雨期施工时,路堤表面应做成2%~4%双向路拱横坡,以利于排水。雨后继续填筑前应将表面的浸水层铲除。

6.3.4 排水工程施工

炭质软岩填料路堤排水工程施工应满足下列规定:

(1)施工前,应对排水设计进行现场核对,核查填筑段落的地表水及地下水情况、场地排水措施是否到位,如有问题应及时反馈处理。

（2）路堤填筑期间，作业面应设2%～4%的排水横坡，表面不得积水。边坡应采取临时排水措施。

（3）路堤截水沟、边沟、排水沟应衔接平顺，与桥涵构造物等形成完整的排水系统，地表排水设施迎水侧不得高出地表，局部有凹坑时应填平，严禁形成积水，其沟底、沟壁、出水口应进行防渗及加固处理。

（4）炭质软岩填料路堤急流槽须设置消力和防飞溅措施。基础应嵌入稳固的基面内，底面应按设计要求砌筑抗滑平台或凸榫。

（5）中央分隔带排水的防渗土工布应布满整个中分带底部，集水井、纵向沟、横向排水管底部均应设置砂砾垫层和防渗土工布，避免水渗入路堤内部。

（6）路堤排水垫层顶部须设置透水土工布，基底为炭质软岩时应在二者中间设置防水封闭措施。

（7）开挖后的沟渠底部及坡面应进行压实，压实度应达到90%，及时进行沟渠防渗加固施工。

（8）路堤段落设计的涵洞宜先行施工。横向排水管施工应采用反挖法。

（9）渗沟填充料的含泥量应符合现行《公路路基施工技术规范》（JTG/T 3610）的要求，必要时宜进行清洗。

6.3.5 防护与支挡工程施工

炭质软岩填料路堤防护与支挡工程施工应满足下列规定：

（1）路堤填筑完成之后应及时进行路堤坡面防护。

（2）包边土应选用低液限黏土，不得使用高液限黏土。包边封闭层厚度不宜小于2.0m。包边封闭层应与路堤同步分层填筑、同步碾压。

（3）骨架施工前应修整坡面，骨架嵌入深度满足稳定和绿化植草需要，保证骨架紧贴坡面，防止产生变形或破坏。铺设后应及时进行培土绿化。

（4）炭质软岩两侧边坡内分层铺设高强土工格栅或其他加筋材料时应铺贴平顺，衔接紧密，反包长度应满足设计要求。

（5）斜坡路段挡墙等抗滑构造物施工，墙背填料须采用水稳性材料，墙身设置泄水孔。路堤内部排水盲沟与挡墙冲突时应合理衔接，不得堵塞。

（6）挡土墙基坑开挖后，应及时封闭坑底，防止基底风化或浸水。基坑回填后应防止地表水入渗基底。

6.4　本章小结

本章通过借鉴国内软岩填筑的成熟经验与其他项目利用炭质软岩的实践经验,进行了炭质软岩填料的分类,给出了炭质软岩填料的利用部位和路堤防排水措施,给出了炭质软岩填料路堤典型结构形式。主要得到以下结论:

(1)炭质软岩填料的分类考虑原岩的崩解性、崩解形态、抗压强度等指标,将炭质软岩填料划分为Ⅰ~Ⅳ类,见表6-3。

(2)强度指标合格的炭质软岩可作为一般填方路段下路堤填筑,路床、低填浅挖、填挖交界、桥涵台背回填、浸水路堤洪水位以下和低洼易积水路段不得采用炭质软岩填料。

(3)炭质软岩填料路堤总体设计思路为:严格控制填料利用部位,采用在路堤设置隔水垫层、两侧包边封闭、顶部封盖等物理措施,切断路堤与周边环境发生的水分交换。

第7章 炭质软岩填料路堤施工质量控制与工程应用效果

本书通过系统的室内外试验、现场试验,对炭质软岩的微观结构、矿物成分、物理力学性质、填料的路用性能特征、浸水变形和强度衰减特征,掌握了炭质软岩的崩解机理和填料的路用性能,解决了炭质软岩能不能用的问题。通过数值计算和现场监测试验,提出了路堤的合理结构形式和防水控湿措施。本章将引入几何分形理论,为炭质软岩填料的崩解处理提供控制标准,然后在项目所在地建立试验路段,进行碾压工艺试验和压实质量控制标准试验,为填料在实体工程中的大规模应用确定施工工艺。

7.1 基于分形维数的填料崩解性消除标准

颗粒成分和颗粒级配是散体材料的两大基本特征,分别代表了填料的材料特性和结构特性。填料的颗粒成分和颗粒级配与其工程性质有密切关系。具有良好颗粒级配的填料不仅有利于压实,也有利于形成水理性质稳定的结构。但是什么样的级配是良好的级配? 这是一个长期困扰工程人员的问题。在散体材料领域,基于分形理论的粒度分形维数可用来较好地评价材料的颗粒结构特征。湖南大学赵明华、苏永华、刘晓明等一些学者通过引入分形理论作为土石混合料粒度分布的一个特征值。分形理论即分形几何学,主要研究和揭示复杂的自然现象和社会现象中所隐藏的规律性、层次性和标度不变性。分形的外表结构极为复杂,但其内部却是有规律的。研究表明,填料的分形维数值(Dimension Value)可以描述土石混合料粒度分布特征的一个序参量,其大小反映了颗粒的粗细程度和集中、不均匀特征,即颗粒分布的空间结构性。分形维数值能够作为量化指标来对土体进行分类,研究表明,颗粒组成分形维数值越高,相对细粒物质的含量就越高;分形维数值越低,相对粗粒料的含量就越高。

软岩的膨胀崩解是一个时间过程,在该过程中其颗粒组成一直处于变化之中,其分形维数值也不断变化。崩解达到一定程度时,颗粒级别达到稳定,膨胀崩解最终趋于停止,分形维数值趋于一个稳定值。岩石破碎成为较小的岩块也遵循该理论,因此,可以引入分形理论确定炭质软岩填料的崩解处理标准。

7.1.1 基于室内击实试验的填料崩解稳定分形维数值

《公路软质岩路堤设计与施工技术规程》(T/CECS G:D22-02—2022)提出,填料的粒度分形维数 D 可按式(7-1)~式(7-3)计算得到。

$$D = 3 - \frac{\sum x_i y_i}{\sum (x_i)^2} \tag{7-1}$$

$$x_i = \log\left(\frac{R_i}{R_T}\right) \tag{7-2}$$

$$y_i = \log\left[\frac{P(r \leq R_i)}{100}\right] \tag{7-3}$$

式中: R_i——筛孔尺寸(mm);

$P(r \leq R_i)$——填料中小于 R_i 孔径颗粒的质量百分比;

R_T——填料的最大粒径(mm)。

为研究炭质软岩填料的分形特征,根据室内击实试验,分别采用不同击实功(30击、50击、98击)对具有不同粗粒料含量的试验样品进行击实,对击实前后不同粗粒料含量的炭质软岩试样进行粒度分析,对比击实前后颗粒级配变化状况,根据炭质软岩分形模型得到其击实前后不同分形维数(图7-1)。分析不同击实功和不同粗粒料含量对炭质软岩填料分形维数的影响。

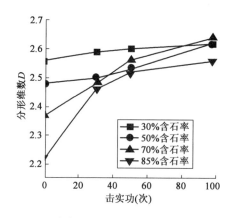

图7-1 击实过程中分形维数的变化趋势

试验结果表明,炭质软岩填料分形维数随着击实次数的增加逐渐增大,击实功从30次变化到50次分形维数增长明显,击实功达到50次后,不同含石率试样分形维数均能达到2.5~2.6,之后增长趋于缓慢,填料粒度稳定。98次后,含石率为30%~70%的填料分形维数相差不大,接近2.6,可以认为填料的崩解稳定分形维数值 $D=2.6$。这一数值明显大于填料含石率为85%时的分形维数,说明含石率为30%~70%的填料在击实功作用下崩解程度更高,含石率过高不利于消除填料的崩解性。已有研究表明,粒度分形维数较大的散体材料,不仅容易被压实,而且压实后填料在力学和水理特性上也更为稳定。综合前述不同含石率的CBR试验结果,可以认为炭质软岩填料适宜的含石率范围为30%~70%。中交第二公路勘察设计研究院有限公司张静波等人的研究成果也表明,充分破碎压实后的软岩填料,其粒度分形维数接近2.6,与炭质软岩填料的分形维数相同。

7.1.2 基于室内压实试验的岩块崩解稳定分形维数值

软岩无论是自然崩解还是在机械作用下破碎,都是在自然力或机械力的重复作用下不断破碎的结果。分形结构虽然复杂,但都是由简单、重复的动作作用形成的,因此构造分形的核心机制是"迭代"作用。其本质是用简单动作的重复"迭代"最后形成稳定的结构。因此,对软岩的破碎,也可采用重复的"翻松-压实"迭代来对其进行不断破碎,达到完全消除软岩崩解性的目的。因此,本实验采用"翻松-压实"的重复动作来对填料进行破碎试验研究。试验过程如下:

(1)将初始粒径大于60mm的炭质软岩碎块放入内径为15cm的圆柱形压实容器中,将制备好的试样安装在压力机上用压力机加压,采用应力控制,施加100kN压力使试样压实。

(2)将压实成型的试样置于脱模机脱模,使试样从圆形钢桶上顶出,放入铁盘中敲散翻松。采用60mm、40mm、20mm、10mm、5mm、2mm标准筛对松散试样进行筛分,记录残留各筛上试样的质量。

(3)重复上述试验过程,并计算每次翻松-压实之后颗粒的分形维数。反复"翻松-压实"作用下填料粒径变化如表7-1所示。

(4)采用压力机对其他4组试样分别进行100kN、300kN、500kN、700kN单次加压,对比重复"翻松-压实"试验与一次性加压压实的试样级配变化。

反复"翻松-压实"作用下填料粒径变化（100kN压力） 表7-1

"翻松-压实"遍数	颗粒组成（%）							分形维数
	>60mm	60~40mm	40~20mm	20~10mm	10~5mm	5~2mm	<2mm	
1	12.9	36.9	25.4	10.9	5.3	4.2	4.3	2.11
2	11.7	25.6	24.2	16.0	8.6	6.5	7.5	2.30
3	0	26.9	23.8	19.6	10.3	8.4	11.0	2.34
4	0	16.4	27.3	20.6	11.6	10.3	13.9	2.43
5	0	16.2	22.4	21.2	12.9	11.4	16.0	2.48
6	0	16.0	18.4	20.2	14.0	12.7	18.4	2.54
7	0	15.9	15.5	19.2	15.1	13.5	20.8	2.55

分形维数和干密度与压实遍数关系曲线如图7-2所示，分形维数和干密度与压力关系曲线（单次加压）如图7-3所示。

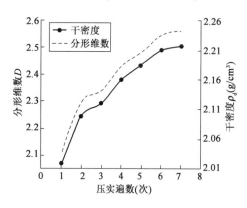

图7-2 分形维数和干密度与压实遍数关系曲线（100kN）

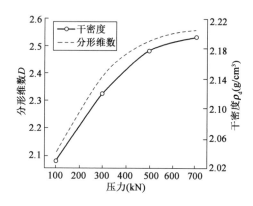

图7-3 分形维数和干密度与压力关系曲线（单次加压）

试验结果表明：反复翻松-压实作用下，随着压实遍数的增加，分形维数和压实干密度也随之增大，但增长速率逐渐放缓，在翻松-压实6次之后，分形维数和压实干密度基本稳定，稳定的分形维数值$D=2.55$（约2.6的98%），压实干密度$\rho_d=2.21\text{g/cm}^3$（约2.28的97%）。单次加压条件下，随着压实功的增大，分形维数值和压实干密度也随之增大，但增长速率逐渐放缓，500kN的单次加压作用下时，分形维数值$D=2.53$（约2.6的97%），压实干密度$\rho_d=2.19\text{g/cm}^3$（约2.28的96%），接近炭质软岩填料的崩解稳定标准。同时，试验结果也表明，填料能达到的压实程度与其分形维数值的变化速率和变化趋势基本一致，两者的曲线斜率接近，这表明填料能达到的压实程度与其分形维数的相关性很强。因此，路堤的施工过程中可以辅助以检测分形维数来判断填料的压实质量。

综合本章试验结果,当粒度分形维数值 $D = 2.42$(约 2.6 的 93%)时,压实干密度 $\rho_d = 2.13 \sim 2.16 \text{g/cm}^3$(约 2.28 的 93% ~ 95%)。因此,路堤碾压完成后,用粒度分形维数值 $D = 2.42$(约 2.6 的 93%)作为炭质软岩填料碾压崩解处理的最低控制标准比较适宜。

如果工程中发现尽管经过充分压实,填料的粒度分形维数仍小于 2.42 的情况,则应进行进一步分析,以确定合适的粒度分形维数控制标准。一般来说,如果采用的设备不足以破碎岩块,则碾压过程中粒度分形维数就达不到 2.42。

7.1.3 炭质软岩填料的现场预崩解方法

如果对填料进行预崩解处理,提前消除填料的崩解性,可以很大程度上避免填料后期崩解造成的路面不均匀沉降。预崩解处理指将软质岩敞放,让其暴露于大气、阳光和雨水等自然风化环境之中,同时通过洒水和机械加速其崩解或破碎,使其强度下降,水活性逐步消除。预崩解处理方法包括洒水崩解、机械破解、耙压。

洒水崩解是指软质岩在自然条件和光照条件下,通过人工洒水使岩块粒径加速变小至符合填料标准要求的施工过程;机械破解是指在机械外力作用下,软质岩局部破碎,粒径变小的施工过程。

耙压是指采用大型推土机后挂专用耕耙犁对填料进行反复耕耙,耙出较大颗粒,借助推土机的履带或大功率压路机来破碎超粒径颗粒,如此反复多遍,直至大颗粒基本压碎为止。这种推平压碎→耙松选粗→再推平压碎,反复循环的施工过程称为耙压。耙压工艺"压"主要是指压碎,而非压密。耕耙遍数应保证填料粒径符合要求,对零散超粒径填料辅以人工或小型机具破解。

7.2 炭质软岩填料路堤现场碾压工艺研究

7.2.1 填料来源及试验工况

本试验段填料来源于 K68 + 035 ~ K68 + 520 隧道弃渣,经室内试验分析,该处填料路用性能满足《公路路基设计规范》(JTG D30—2015)规范的要求,可用于高速公路下路堤填筑,室内试验确定的不同含石率下的最大干密度如图 7-4 所示。

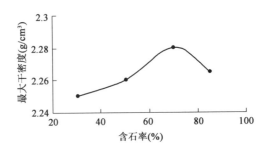

图 7-4　不同含石率下的最大干密度

试验段进行了不同层厚、不同碾压遍数的试验工况。试验采用的振动压路机为徐工 XS263H(图 7-5),质量 26t,振动频率 27Hz/32Hz,激振力 405/290kN。压实工艺试验工况如表 7-2 所示。

图 7-5　徐工 XS263H

压实工艺试验工况　　　　表 7-2

碾压工况	松铺厚度(cm)	碾压方式	动压遍数 N	含水率	碾压设备
1	30	1 次静 + N 低速大振	2、3、4…	最佳含水率	XS263H
2	40	1 次静 + N 低速大振	2、3、4、5	最佳含水率	XS263H
3	50	1 次静 + N 低速大振	2、3、4、5	最佳含水率	XS263H

经现场检测,路堤填料密实度较好,无大的孔洞或大孔隙,符合灌砂法的适用条件。因此,试验段的压实度效果评判的主要标准仍采用灌砂法。试验过程如下:

(1)场地原地面处理(图 7-6),挖除换填临时排水设置施工。对于含水率高于最佳含水率的填料进行充分晾晒,低于最佳含水率的填料进行洒水翻拌。

(2)现场对于超粒径石块进行剔除或二次破碎,最大粒径不宜超过层厚的 2/3,待超粒径石料全部破碎至满足要求之后,用铲车配合挖土机将土石料堆摊平,并检测其松铺厚度。碾压前应使大粒径石料均匀分散在填料中,石料间孔隙应填充小粒径石料,如图 7-7 所示。

图 7-6 试验段场地原地面处理

图 7-7 试验段填料摊铺

(3)压路机往返一次记为一遍完整碾压。先静压一遍进行初平。然后按方案既定的工况要求进行振动碾压(图 7-8)。压路机一般重叠 0.4~0.5m。

图 7-8 碾压成型

(4)碾压完成后,采用灌砂法进行压实度检测(图7-9),灌砂筒直径200mm,试坑深度20cm。在试验段现场采用5mm孔径的圆筛确定填料的含石率,依据含石率确定填料的最大干密度值。

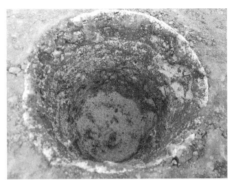

图7-9 压实度检测

7.2.2 试验结果

1)虚铺30cm厚填料碾压试验结果

试验进行了7%和6.5%两种不同含水率填料的压实试验,碾压过程中发现,7%含水率的填料碾压过程中较难压实,有"橡皮土"的现象。而6.5%含水率的填料碾压效果较好。试验过程中,每种工况检测6个测点,碾压试验压实度检测结果如表7-3所示。

虚铺30cm厚填料压实度检测结果 表7-3

虚铺层厚	含水率	碾压工况		
30cm	7%	1静压+3弱振	1静压+4弱振	1静压+4弱振+1静压
		88.1%	91.5%	94.1%
	6.5%	1静压+1弱振	1静压+2弱振	1静压+3弱振
		91.2%	95.1%	97.6%

从表7-3中试验结果可以看出:①当含水率为7%时,达到93%以上的压实度,需要"1静压+4弱振+1静压"。②当含水率为6.5%时,仅需"1静压+3弱振"即可达到95.1%的压实度,此时7%含水率的填料压实度仅有88.1%。③虽然填料含水率仅相差0.5%,但却需要多碾压3遍,这说明炭质软岩填料的压实效果对水非常敏感,这也验证了前述室内最大干密度试验的结果。

第7章 炭质软岩填料路堤施工质量控制与工程应用效果

2）虚铺40cm厚填料碾压试验结果

虚铺40cm厚填料压实度检测结果如表7-4所示。

虚铺40cm厚填料压实度检测结果   表7-4

虚铺层厚	含水率	碾压工况		
40cm	6.5%	1静压+3弱振	1静压+3弱振+1静压	1静压+4弱振
		93.1%	93.3%	96.5%

从表7-4中试验结果可以看出：①对于虚铺40cm厚填料，"1静压+3弱振"达到93.1%的压实度。②对比"1静压+3弱振"和"1静压+3弱振+1静压"两种工况发现，达到93%的压实度之后，继续静压1遍，压实度仅提高0.2%。③对比"1静压+3弱振"和"1静压+4弱振"两种工况下发现，达到93%的压实度之后，继续低频弱压1遍，压实度仍可以较大幅度地提高3.4%。④对比三种工况发现，弱振相比静压更能有效提高填料的压实效果。

3）虚铺50cm厚填料碾压试验结果

虚铺50cm厚填料压实度检测结果如表7-5所示。

虚铺50cm厚填料压实度检测结果   表7-5

虚铺层厚	含水率	碾压工况		
50cm	6.5%	1静压+3弱振	1静压+4弱振	1静压+3弱振+1强振
		92.4%	96.0%	95.3%

在进行虚铺50cm厚填料碾压试验时，对比了强振和弱振两者的压实效果，发现低频弱振条件下填料更密实、表面更平整，而高频强振条件下，路堤表面粗糙、有裂隙，表层填料松散。这说明炭质软岩填料适宜采用低频弱振。

从表7-5中试验结果可以看出：①对于虚铺50cm厚填料，"1静压+3弱振"尚不能达到93.0%的压实度。②对比"1静压+3弱振"和"1静压+4弱振"两种工况发现，1遍低频弱振可提高3.6%的压实度。③对比"1静压+3弱振"和"1静压+3弱振+1强振"两种工况下发现，高频强振1遍，压实度提高2.9%，这一效果小于1遍弱振，这说明弱振比强振更能有效提高填料的压实效果。

7.3 基于沉降差法的填料压实质量控制

虽然炭质软岩填料碾压后密实度较好，无大的孔洞或大孔隙，符合灌砂法的适用条件。但是由于炭质软岩填料碾压后强度较高,采用灌砂法挖坑检测时检测耗时费力,2名人工平均需要1h/测点,检测效率较低。因此,需要寻找一种省时省力、准确度高的压实度测试手段。

随着我国社会和交通事业的发展,大型机械设备和测量设备装备水平不断提高,越来越多的建设项目倾向于使用沉降差法控制大量石方路基或土石混填路基压实质量。《公路路基路面现场测试规程》(JTG 3450—2019)首次将沉降差法纳入规范。但对于炭质软岩填料,目前国内研究较少,尚需确定不同虚铺层厚下具体的沉降差标准。

7.3.1 试验方案

(1)沉降差采用水准仪量测。布置方格网测点,纵向间距10m,横向间距4m,每个断面5个测点,共10个测点。并在路堤填筑区外稳定位置设基准点,在碾压工作面布置网格测点并编号。

(2)为便于测量,采用10cm×10cm的钢板作为标记。静压一遍之后,将塔尺立于钢板上,用水准测量仪对不同碾压遍数下填料表层的高程进行测量,找出碾压遍数与沉降变化之间的关系规律,从而确定填料的压实质量,如图7-10所示。

a)沉降量观测点标识

b)沉降差水准测量

图7-10 沉降差法试验

(3)干密度测定采用灌砂法,同一层不同遍数下挖坑位置应相互错开,避免重合。在振动压实过程中,本次试验分别在振动第2、3、4遍后测定土石料的干密度;灌砂法检测压实度时如遇到大石块,则此试验点位弃置不用,重新选点试验。

(4)计算第i遍和第$i+1$遍碾压沉降差的平均值、标准差,并计算沉降差的代表值。

7.3.2 试验结果

试验测得不同虚铺厚度下,静压一遍之后,低频弱振1遍、2遍、3遍、4遍后路表的沉降差平均值、标准差和代表值(95%保证率)如表7-6～表7-8所示。

虚铺厚度30cm厚填料沉降差试验结果　　　表7-6

层厚	30cm	1遍弱振	2遍弱振	3遍弱振	4遍弱振
沉降差	平均值(mm)	22.7	8.2	3.3	2.9
	标准差(mm)	4.2	2.9	2.2	2.6
	代表值(mm)	20.5	6.7	2.2	1.6
实测压实度		91.2%	95.1%	97.6%	—

虚铺厚度40cm厚填料沉降差试验结果　　　表7-7

层厚	40cm	1遍弱振	2遍弱振	3遍弱振	4遍弱振
沉降差	平均值(mm)	23.2	10.7	6.3	3.2
	标准差(mm)	6.5	6.4	3.9	2.9
	代表值(mm)	19.8	7.4	4.3	1.8
实测压实度		—	—	93.1%	96.5%

虚铺厚度50cm厚填料沉降差试验结果　　　表7-8

层厚	50cm	1遍弱振	2遍弱振	3遍弱振	4遍弱振
沉降差	平均值(mm)	24.5	10.8	6.7	3.9
	标准差(mm)	5.1	6.7	3.9	2.9
	代表值(mm)	21.9	7.3	4.7	2.4
实测压实度		—	—	92.4%	96.0%

以上结果表明,用沉降法检测压实质量效果的规律性较好。①虚铺厚度30cm时,低频弱振碾压2遍,沉降差的代表值小于6.7mm时,基本能保证压实度达到下路堤要求;②虚铺厚度为40cm时,低频弱振碾压3遍,沉降差的代表值小于4.3mm时,基本能保证压实度达到下路堤要求;③虚铺厚度为50cm时,振动碾压4遍,沉降差的代表值小于2.4mm时,基本能保证压实度达到下路堤要求。④虚铺厚度越大,终止碾压的标准(沉降差)越严格(沉降差数值越小)。

需要说明的是,以上结论基于试验段采用固定压实机械、填料在最佳含水率状态下的压实试验。试验中发现,若填料含水率高于最佳含水率,则在碾压过程中填料成为弹性较高的"橡皮土",虽然振动碾压3遍之后沉降差小于2mm,但实测压实度只有88%。实际上,在压实机械固定的情况下,对不同铺土厚度,碾压到一定的碾压遍数后,其沉降差都小于某一值。也就是说,压实沉降差方法是与工艺参数相结合的双控测试方法,与压实机械、虚铺层厚、填料含水率之间都有关系,在使用过程中应与施工工艺参数(如铺土厚度、碾压遍数、压实机械等)相结合,不能单独以沉降差控制路基压实质量。

7.4 炭质软岩填筑质量检测方法

路堤填筑质量应逐层进行检测,下层质量检测合格后,方可进行上层路堤填筑。炭质软岩填料路堤质量检测的频次和要求应符合现行《公路路基施工技术规范》(JTG/T 3610)和《公路工程质量检验评定标准 第一册 土建工程》(JTG F80/1)的有关规定。

关于压实质量检测方面,国内外提出了多种压实检测方法和检测指标,不同的部门采用的指标不同,这些指标基本可分为两类:

第一类是物理指标检验,包括压实度、相对密度、孔隙率、沉降差等。这些指标能准确地反映填土被压实的程度,是路堤填筑压实质量检验中使用历史最久,应用最广的检验指标,但这些物理指标仅能间接反映填料的力学性能。

第二类是力学指标检测,主要包括地基系数 K_{30}、二次变形模量 E_{v2}、动态变形模量 E_{vd}、回弹模量等。由于这些指标直接反映路堤填土的强度、变形性能。因此,可根据这些指标直接评价路堤的承载能力和抗变形能力,判断能否满足线路上部结构的要求。动态变形模量 E_{vd} 法已被写入铁路行业施工规范,公路行业可以借鉴。而地基系数 K_{30}、指标测试相对灌砂法更耗时费力,不推荐采用。

长期以来,石方路基或土石混填路堤压实质量评价一直是个难题,主要原因是现场压实密度难以测量,用压实度指标评价操作性不强,测试效率低下。采用碾压遍数来控制本身严密性不够,且缺乏统一的定量指标。参考中国工程建设标准化协会标准《公路软质岩路堤设计与施工技术规程》(T/CECS G:D22-02—2022)中软质岩路堤的质量检测方法,本书提出炭质软岩填筑质量检测方法如下:

Ⅰ类、Ⅱ类炭质软岩具有一定崩解性和风化程度,遇水有一定的膨胀性和软化性,在崩解和风化后呈土石混合状态,宜采用压实度法、沉降差法和孔隙率法作为主要质量控制指标,采用动态变形模量法、粒度分形维数法和弯沉法作为辅助质量控制指标。Ⅲ类、Ⅳ类炭质软岩具有较强崩解性,软化性和膨胀性,崩解和软化后产物颗粒较小,呈土质,宜采用压实度法作为主要质量控制指标,采用动态变形模量法、粒度分形维数法和弯沉法作为辅助质量控制指标。各类炭质软岩填料路堤填筑完工后还应进行边坡质量和外观检查。针对炭质软岩的工程特性,结合行业目前的相关检测规范,梳理了炭质软岩填料路堤的填筑质量检测方法如表7-9所示。

填筑质量检测方法　　　　　　　　　表7-9

炭质软岩填料分类	压实度法	沉降差法	孔隙率法	动态变形模量法	粒度分形维数法	弯沉法
Ⅰ类	※	※	※	√	√	√
Ⅱ类	※	※		√	√	√
Ⅲ类	※	※		√	√	√
Ⅳ类	※			√	√	√

注:"※"为该类炭质软岩填料路堤填筑质量的主要检测方法,"√"为辅助检测方法。

采用压实度作为指标进行质量检测时,检测方法应采用灌砂法或灌水法。灌砂法测试压实度应按现行《公路路基路面现场测试规程》(JTG E60)执行。灌水法实测定压实度应按现行《公路土工试验规程》(JTG 3430)执行。炭质软岩填料路堤压实度标准符合表7-10的要求。

炭质软岩填料路堤压实度标准　　　　　　　　　表7-10

路堤部位	路面底面以下深度(m)		压实度(%)		
			高速公路、一级公路	二级公路	三、四级公路
上路堤	轻、中及重交通	0.8~1.5	≥94	≥94	≥93
	特重、极重交通	1.2~1.9			—
下路堤	轻、中及重交通	>1.5	≥93	≥92	≥90
	特重、极重交通	>1.9			

注:1. 表中所列压实度以现行《公路土工试验规程》(JTG 3430)重型击实试验法为准。
　 2. 三、四级公路铺筑水泥混凝土路面或沥青混凝土路面时,其压实度应采用二级公路的规定值。
　　　三、四级公路属于重载交通的应采用二级公路以上相同的压实度。

《公路路基路面现场测试规程》(JTG 3450—2019)将沉降差法作为石方路基或土石混填路堤压实现场检测的方法,通过监测沉降变形的稳定来表征压实程度。沉降差测试方法是一种与工艺参数相关的双控测试方法,在使用过程中要注意工艺参数和沉降差控制值的匹配性。Ⅰ类、Ⅱ类炭质软岩属于土石混合料,可采用沉降差法作为压实质量的检测指标。

中交一公院在云南墨临高速公路炭质软岩填料路堤试验段开展了沉降差法检测炭质软岩压实程度的相关性试验,试验结果表明,沉降差法表征炭质软岩压实质量效果的规律性较好。需要注意的是,在压实机械固定的情况下,对不同铺土厚度,碾压到一定的碾压遍数后,其沉降差都小于某一值。也就是说压实沉降差方法是与工艺参数相结合的双控测试方法,与压实机械、松铺层厚、填料含水率都有关系,在使用过程中应与施工工艺参数(如铺土厚度、碾压遍数、压实机械等)相结合,不能单独以沉降差控制路堤压实质量。因此,提出通过试验路段确定压实程度与沉降差的关系,形成与工艺参数相匹配的沉降差代表值。采用压实沉降差作为指标进行质量检测时,应通过试验路段确定压实程度与沉降差的关系,得出与工艺参数相匹配的沉降差代表值。沉降差的测试方法按照现行《公路路基路面现场测试规程》(JTG 3450)进行。

采用孔隙率作为指标进行质量检测时,孔隙率控制标准应符合表7-11的要求。

炭质软岩填料路堤孔隙率控制标准　　　　表7-11

路堤部位	路面底面以下深度(m)	最大粒径(mm)	I类软质岩孔隙率(%)	II类软质岩孔隙率(%)
上路堤	0.8~1.50(1.20~1.90)	小于层厚	≤20	≤20
下路堤	>1.50(>1.90)	小于层厚	≤22	≤22

注:括号中数值为特重、极重交通条件下的深度范围。

路堤土的动态变形模量与其压实程度有一定的关系,但由于炭质软岩填料具有较强的不均匀性,其动态变形模量具有一定的离散性,尤其是粒径和级配对动态变形模量影响很大。且粒径越大的材料,其偏差程度往往也越高。因此,动态变形模量法只能作为辅助指标评价炭质软岩填料的填筑质量。采用动态变形模量作为辅助手段进行质量检测时,应通过试验路段确定压实程度与动态变形模量的关系,得出与填料性质和压实程度相匹配的动态变形模量代表值。采用动态变形模量 E_{vd} 作为指标进行质量检测时,应符合以下要求:

(1)测试面平整,荷载板与地面有良好接触,必要时可用少量的细中砂来补平;

(2)荷载板放置在平整好的测试面上,安装上导向杆并保存其垂直;

(3)将落锤提升至挂(脱)钩上挂住,然后使落锤脱钩并自由下落,当落锤弹回后将其抓住并挂在挂(脱)钩装置上,按此操作进行三次预冲击;

(4)正式测试时按上述第3项的方式进行三次冲击测试,作为正式测试记录,测试时应避免荷载板的移动和跳跃;

(5)应记录每个测点的工程名称、检测部位、试验时间、土的种类、含水率以及相关参数。

大量研究表明,软质岩填料充分崩解破碎稳定后的粒度分形维数接近 2.6。中交第一公路勘察设计院有限公司基于云南墨临高速公路炭质软岩开展了分形维数与压实程度的相关性研究,按填料分类划分为Ⅱ~Ⅲ类的填料,试验结果填料能达到的压实程度与其分形维数值密切相关,路堤的施工过程中可以辅助以检测分形维数来判断填料的压实质量。压实度达到93%左右时,填料分形维数 $D \approx 2.4$,填料分形维数越高,可达到的压实度越高,提出Ⅱ类、Ⅲ类、Ⅳ类等填料,压实后填料的粒度分形维数 D 不宜小于 2.4。采用碾压后粒组的分形维数作为辅助手段进行质量检测时,应通过试验路段确定压实程度与分形维数的关系。

采用弯沉作为指标进行质量检测时,应按现行《公路路基路面现场测试规程》(JTG E60)执行,弯沉值应满足设计要求。

7.5 路堤监测方案设计

7.5.1 监测的要求

(1)二级及以上公路的炭质软岩填料路堤应进行路堤湿度、变形等的监测。

(2)炭质软岩填料路堤监测应进行监测方案设计,监测方案应包括监测网布设、监测内容、监测精度、监测方法和监测频率等。路堤设计或施工方案发生重大变更时,相关单位应研究并及时调整监测方案。

(3)应综合利用仪器量测、现场巡视检查等多种手段开展监测工作,监测时尽量减少对工程施工或运营的不利影响。

(4)应采取措施减小系统误差、控制偶然误差、避免粗大误差、对监测误差进行检验分析,保证监测精度满足要求。

(5)炭质软岩填料路堤沉降值由于其具有一定的崩解性、软化性和膨胀性,沉降值相对于普通的填石路堤更大,尤其是高填方路堤或者地基为陡坡时,沉降会相对明显,需要待沉降观测稳定后再进行路面铺筑,否则可能导致路面开裂。施工阶段监测起于工程施工前,止于工程交工验收;运营阶段监测起于工程交工验收,止于工程竣工验收后不少于 2 年。

7.5.2　监测方案设计

（1）路堤监测内容主要包括路表沉降、分层沉降、路堤湿度、坡体及支挡结构变形、支挡结构应力和巡视检查等。分层沉降监测土体沿深度方向各层次及某一层位土体的胀缩情况。分层沉降监测点应贯穿整个炭质软岩填筑层，其他土层可根据需求设置。炭质软岩填筑层宜进行路堤湿度监测，包边及封盖层可根据需求设置。

（2）监测点宜采用断面形式布置，应根据路段长度、地质地形特征、潜在滑动面特征和通视条件布设监测断面；监测断面的布设应能达到系统监测深路堑变形量和变形方向，掌握其时空动态和发展趋势，满足预测预报精度的要求。

①监测点的布置应不妨碍监测对象的结构安全，并应减少对施工作业的不利影响。

②监测点的设置宜考虑施工期和运营期监测工作的双重需要。

③监测点应布设在位移与受力较大及能表征路堤和周边环境安全状态的关键部位，不同项目的监测点宜布设在同一断面上。

④监测点的布设可在监测过程中根据变形情况进行动态调整，变形剧烈位置宜及时补充测点。

（3）路堤变形监测断面水平设置间距宜为 50~100m，不宜少于 2 个。场地地形变化较大、地基均匀性差、软弱土分布区、与桥涵结构物衔接处等区域宜适当加密。

（4）各监测项目监测点的布置等应满足下列要求：

①表面沉降、分层沉降监测点应布置在路中线、路肩等处，分层沉降监测点竖向间距宜根据地基地层分布情况确定。

②采用剖面沉降仪等剖面沉降测量技术的应在路堤上开槽设置。

③分层沉降监测每个监测断面不应少于 2 个监测点，监测点在竖向上宜布设在各土层分界面上，在厚度较大土层中部应适当加密。

④坡面水平位移监测点应设置在边坡平台和坡脚处，并保证路堤一侧断面上不少于 3 个点。

⑤沉降与水平位移监测点宜布置在同一横断面上。

⑥支挡结构顶部位移监测点应沿支挡线布设，水平间距不宜大于 20m。

⑦支挡结构内力监测点竖向间距宜为 3~5m，宜在支挡结构设计计算弯矩最大处布设。

⑧路堤湿度监测点的位置应根据监测目的设置。当用于确定大气影响深度时，应距

边坡不同距离布置多个测点,间距不宜超过 0.5m;当用于评价包盖层或隔水层的防水控湿效果时,监测点应设置在交界面附近。

(5)路堤监测精度应满足下列要求:

①路堤沉降监测精度要求按表 7-12 确定。

路堤沉降监测精度　　　　表 7-12

监测阶段	监测点的高程中误差(mm)	相邻点的高差中误差(mm)
施工阶段监测	2.0	1.0
运营阶段监测	1.0	0.5

②分层沉降监测精度不宜低于 2mm。

③路堤坡面水平位移监测的坐标中误差不应大于 3mm。

(6)监测频率应综合考虑路堤填高、工程阶段、自然条件变化等因素确定。仪器的监测频率可参考表 7-13 选用。巡视检查的频率不应低于仪器监测的频率。当出现下列情况之一时,应提高监测频率:

①监测数据变化较大或者速率加快;

②支挡结构出现开裂;

③边坡出现裂缝、滑移、隆起;

④暴雨或长时间连续降雨。

公路高路堤不同监测阶段监测频率　　　　表 7-13

监测阶段		监测频率
施工阶段监测	变形活跃	1d/次
	变形收敛	7d/次
运营阶段监测	雨季	半月/次
	旱季	1 月/次

7.5.3 监测实施

(1)监测元件埋设前,应根据监测目的和施工进度计划,结合现场条件、监测元件特点和要求等制定埋设计划,尽量减小监测元件埋设和工程施工的相互干扰。

(2)应严格按照监测设计方案和元件埋设技术要求进行埋设,监测标志应稳固、明显,监测点的位置应尽量避开障碍物,便于观测。

(3)监测期间,应定期检查工作基点和基准点的稳定性。

（4）表面水平位移监测可采用大地几何测量法、GNSS卫星定位测量法、三维激光扫描法、InSAR雷达测量法、近景摄影测量法等，应根据现场条件、监测精度要求等选择合适的监测方法。

（5）地基和路堤表面竖向位移可利用沉降板、剖面沉降仪、光纤、单点位移计等监测，路堤工后表面沉降监测可利用路钉作为监测点。

（6）路堤湿度监测宜采用探针式湿度传感器。路堤湿度量测的准确与否，除了仪器自身因素外，主要取决于探针间土体的性质、探针与土体的贴合程度。若探针间土体的土质、密实程度与待测土体不一致，或者探针与土体接触不实，将会导致测量误差很大、失去测量意义，因此，应特别注意湿度传感器的埋设。可采用探坑或钻孔方式埋设，湿度传感器的埋设应符合下列规定：

①埋设前应通过现场试验确定仪器量测的体积含水率与质量含水率之间的换算公式。

②埋设时应均匀用力使传感器探针完全插入到土体内，插入时不得上下或左右摇晃，防止探针与土体接触不实，影响测量精度。

（7）路基施工及运营期间内，应定期或不定期由专人进行巡视检查。巡视检查以目测为主，辅以无人机、望远镜等手段。可采用量尺、钎、锤等工具以及摄像、摄影等设备进行。巡视检查宜包括下列内容：

①支护结构有无较大变形、裂缝。

②边坡土体、边坡平台有无裂缝、滑移、沉陷，坡面有无冲沟，坡脚有无隆起。

③场地地表水、地下水排放状况是否正常。

④路堤有无裂缝、沉陷。

⑤基准点、工作基点、监测点完好状况。

⑥监测元件的完好及保护情况。

⑦有无影响监测工作的障碍物。

7.5.4 监测资料分析

（1）每次变形监测结束后，应依据测量误差理论和统计检验原理对水平位移、竖向位移等监测数据进行平差计算和处理，并计算监测点两次监测的沉降量、累计沉降量、沉降速率、累计沉降速率、水平位移量、累计水平位移量。通过各期的水平、竖向位移监测成果可绘制成累计位移随时间变化曲线图、变形速率随时间变化曲线图。

(2)湿度监测应绘制监测参数随深度、时间变化曲线图。

(3)应利用监测断面上所有监测点的监测资料,综合采用表观法、预警值法、拐点法等不同稳定评估方法进行稳定性评估。所谓预警值法即通过对比实测值与预警值评估路堤稳定性的方法,表观法即根据路堤裂缝、隆起、不均匀沉降等表观特征评估路堤稳定性的方法,拐点法即利用沉降、水平位移等的时程曲线的拐点评估路堤稳定性的方法,趋势法即利用沉降速率、水平位移速率等指标的发展趋势评估路堤稳定性的方法。

(4)应根据工程实际需要进行工后沉降预测,工后沉降预测前应复测路堤填土顶面高程。工后沉降预测的时间起点应选在路堤填筑结束后的恒载期,持续监测时间不宜小于6个月,特殊情况下不应小于3个月。

7.6 墨临高速公路炭质软岩利用效果分析

基于课题研究成果,云南墨江至临沧高速公路部分炭质软岩广泛分布的路段,采用炭质软岩填筑路堤总长约3.5km,消化炭质软岩弃方约100万 m^3,不仅缓解了路堤填料匮乏的问题,更减少了炭质软岩废弃土方占地和对环境的污染,取得了良好的经济和生态效益。

7.6.1 炭质软岩填料的利用措施

(1)路堤的结构形式。

炭质软岩填料路堤典型结构形式见图6-1。

针对炭质软岩特殊的工程性质,炭质软岩填料路堤设计原则为:严格控制填料利用部位,采用在路堤设置隔水垫层、两侧包边封闭、顶部封盖等物理措施,控制气候环境和地下水对路堤湿度的影响,保证路堤稳定。

隔断层的材料可采用碎石、砂砾或无机结合料等,隔断层厚度应高出地表或地表积水位0.5m以上。用黏土包边,将包边土与炭质软岩填料同步分层填筑并压实,做成包心路堤。左右两侧包边厚度不小于2.5m(刷坡后)。在炭质软岩填料填筑区顶面(下路堤顶面)铺一层两布一膜复合土工布,铺设在炭质软岩填料填筑区表面,主要起隔水作用,避免降水从上部深入路堤。"两布一膜"复合型土工布采用全断面铺设,两侧不能暴露于路堤外。上路堤采用非炭质软岩填料。重视中央分隔带排水,中央分隔带排水渗沟宜优先施工,渗透顶面和回填土之间应设置反滤层,排水渗沟沟底和沟侧应采用防渗土工布包裹封闭,防止雨水渗入路堤内部。在边坡中部设置平台排水沟,边坡平台及护坡道应采用浆砌片石或现浇混凝土封闭。炭质软岩填料路堤包边土的施工效果如图 7-11 所示。

图 7-11　炭质软岩填料路堤包边土的施工效果

(2)填料的利用部位。

炭质软岩填料主要用于一般填方路段下路堤层位的填筑,路床、低填浅挖、填挖交界、桥涵台背回填、浸水路堤洪水位以下和低洼易积水路段不采用炭质软岩填料。

(3)施工的季节。

炭质软岩利用路段尽量安排在旱季施工,根据天气情况,制订合理的施工计划,做好施工作业面防水保护措施。若遇降雨,天气晴好继续填筑施工前,将炭质软岩填筑路段表层 100~200mm 范围内填料刮除或翻松后重新碾压。

(4)填料的崩解处理(图 7-12、图 7-13)。

为方便公路大规模利用,路堑爆破开挖后,对于粒径超过 15cm 的炭质软岩,采用破碎锤现场破碎。运送至现场均匀摊铺后,检测含水率,控制含水率为 6.5%±1%,含水率不满足要求时,进行翻晒或洒水处理,填料的崩解处理主要依靠 26t 的重型压路机碾压破碎。

图 7-12　开采前的炭质软岩　　图 7-13　爆破及机械破碎后的炭质软岩填料

(5)填料的碾压(图 7-14~图 7-17)。

碾压过程中采用碾压遍数和沉降差的双指标控制标法。即虚铺层厚 30cm 时,采用"1 静压 +2 弱振",且最后一遍的沉降差的代表值小于 6.7mm;虚铺层厚 40cm 厚时,采用"1 静压 +3 弱振",且最后一遍沉降差的代表值小于 4.3mm;虚铺层厚 50cm 时,采用"1 静压 +4 弱振",且最后一遍沉降差的代表值小于 2.4mm。

图 7-14　上料摊铺完成后的表面

图 7-15　重型压路机碾压

图 7-16　上料摊铺完成后的表面

图 7-17　碾压过程用于沉降差观测的标志

(6)填筑质量检测(图 7-18、图 7-19)。

炭质软岩填料路堤填筑质量检测以压实度检测为主。抽检,压实度应不小于 93%,压实度检测采用灌砂法或灌水法。粒组分形维数检测与压实度检测,每 100m 长度检测不少于 2 个断面,每个断面在两侧路肩及路中取 3 个点。

7.6.2　墨临高速公路炭质软岩填料路堤填筑效果分析

基于课题研究成果,使得墨临高速公路得以就地取材采用炭质软岩填筑路堤,避免了路堤填料的远距离调配,采用"底部隔水 + 上部封盖 + 黏土包边 + 碎石土夹层填筑"

的防水控湿措施,降低路基病害的发生,采用了合理的炭质软岩崩解处理标准与质量控制标准,解决了填料如何施工的问题。项目采用炭质软岩填筑路堤总长约 3.5km,消化炭质软岩弃方约 100 万 m^3,减少了废弃土方占地,保护了公路沿线生态环境。直接节约的工程造价达 2000 万,具有显著的经济效益和生态效益。炭质软岩填方段建成效果如图 7-20 ~ 图 7-22 所示。

图 7-18 碾压完成后的路堤表面

图 7-19 室内粒度筛分

a)　　　　　　　　　　　　b)

图 7-20 K79 + 200 ~ K80 + 100 炭质软岩填方段建成效果

图 7-21 K81 + 800 ~ K82 + 100 炭质软岩填方段建成效果

图 7-22 者东互通建成效果

墨临高速公路已于2021年1月13日通车运行,结束了临沧市没有国家高速公路网的历史。墨临项目建成通车两年半以来,采用炭质软岩填料填筑的路堤使用效果良好,路堤未发生明显病害,具有良好的社会和生态效益。

7.7 本章小结

本章引入几何分形理论,基于室内击实试验,确定了炭质软岩填料崩解稳定分形维数值和适宜的含石率范围,基于反复的"翻松-压实"试验,确定了以分形维数值作为填料崩解处理与压实质量的最低控制标准。然后基于现场摊铺碾压试验,确定了不同层厚的碾压工艺试验和沉降差控制标准。基于课题研究成果,云南墨临高速公路采用炭质软岩填筑路堤总长约3.5km,消化炭质软岩弃方约100万 m^3,取得了良好的经济和生态效益。主要得到如下结论:

(1)炭质软岩填料分形维数值随着填料的破碎逐渐增大,之后趋于稳定。含石率为30%~70%的填料分形维数在2.6左右,这一数值明显大于填料含石率为85%时的分形维数,含石率过高不利于碾压过程中崩解性的消除。综合考虑不同含石率填料的CBR指标,确定适宜的含石率范围为30%~70%,填料崩解稳定后的分形维数值$D=2.6$。

(2)反复翻松-压实作用下,随着压实遍数的增加,分形维数和压实密度也随之增大,但增长速率逐渐放缓,在翻松-压实6次之后,分形维数和压实密度基本稳定,稳定的分形维数值$D=2.55$(约2.6的98%),压实干密度$\rho_d=2.21g/cm^3$(约2.28的97%)。单次加压条件下,随着压实功的增大,分形维数值和压实密度也随之增大,但增长速率逐渐放缓。填料能达到的压实程度与其分形维数值的变化速率和变化趋势基本一致,路堤的施工过程中可以辅助以检测分形维数来判断填料的压实质量。可用粒度分形维数值$D=2.42$(约2.6的93%)作为炭质软岩填料崩解处理最低控制标准。

(3)炭质软岩填料的压实适宜采用大吨位压路机低频弱振,实现填料的预崩解破碎,弱振相比静压和强振更能提高填料的压实效果。当含水率为6.5%时,虚铺层厚30cm需"1静压+2弱振"即可达到95.1%的压实度,对于虚铺40cm厚填料,"1静压+3弱振"可达到93.1%的压实度。对于虚铺50cm厚填料,"1静压+4弱振"可达到96%的压实度。

(4)用沉降法检测压实质量效果的规律性较好。松铺厚度30cm时,低频弱振碾压2遍,沉降差的代表值小于6.7mm时,基本能保证压实度达到下路堤要求;松铺厚度为

40cm 时,低频弱振碾压 3 遍,沉降差的代表值小于 4.3mm 时,基本能保证压实度达到下路堤要求;松铺厚度为 50cm 时,振动碾压 4 遍,沉降差的代表值小于 2.4mm 时,基本能保证压实度达到下路堤要求。松铺厚度越大,终止碾压的标准(沉降差)越严格(沉降差数值越小)。

(5)墨临高速公路应用炭质软岩填料填筑路堤效果良好,说明炭质软岩填料路堤若采用合理的防水控湿措施,可以作为下路堤填料使用,具有显著的经济和社会效益。

第 8 章 结论与建议

8.1 结论

炭质软岩具有膨胀性、易风化、遇水易软化、强度衰减大、填筑压实对水敏感等特点，作为路堤填料问题非常突出。炭质软岩分布地区往往缺乏适宜的路堤填料，如果弃之不用不仅会占用大量土地、污染环境、增加建设成本，而且大量的炭质软岩弃渣在暴雨季节还会引发泥石流和崩塌等地质灾害。因此，公路建设中如何利用炭质软岩成了一个比较棘手的问题。目前国家倡导实现"零弃方、少借方"，大力推行废旧材料再生循环利用，推行生态环保设计。然而由于缺乏统一的技术指引，加之勘察、设计、施工等阶段对炭质软岩的认识不够，使得工程技术人员不敢采用炭质软岩填筑路堤，造成炭质软岩大量废弃，污染环境，成为"不毛之地"，或是"不会用"，造成路堤沉陷、滑移，形成较大的设计变更、增加建设成本。

本书依托云南省墨江至临沧高速公路，以沿线炭质软岩作为研究对象，开展了炭质软岩原岩及填料的工程特性研究、填料湿化变形特性研究、路堤变形及稳定性研究、路堤结构与耐久性控制措施、路堤施工工艺与质量控制技术研究等。主要取得如下技术成果：

（1）进行了炭质软岩的微观结构、矿物成分、物理力学性质进行了室内试验，揭示了炭质软岩崩解软化的机理。

通过研究表明，炭质软岩的微观结构、亲水矿物（蒙脱石、伊利石、芒硝）、含硫矿物（Na_2SO_4、$CaSO_4$、FeS_2）和灰黑色泽，是造成其在阳光及雨水作用下崩解软化快、难以生长植物的主要原因。炭质软岩的崩解性、膨胀性离散性较大，风化程度越高岩石孔隙越大、膨胀性黏土矿物含量越高，性质越差。炭质软岩的耐崩解性离散较大，历经 5~8 次崩解循环之后，耐崩解指数基本稳定，稳定崩解率为 9%~25.4%，属于中等耐久性岩石，划分为易崩解~难崩解岩石。热辐射和水分的作用会加速炭质软岩的崩解。

（2）开展了炭质软岩填料击实性、干湿循环条件下的 CBR、抗剪强度、回弹模量试验，揭示了含石率、粗砾组对填料压实特性、抗剪强度、CBR、水稳定性、抗变形能力的影响,确定了炭质软岩填料适宜的含石率范围,为炭质软岩填料的利用奠定了基础。

研究表明,随着粗粒料含量的增加,炭质软岩填料的最大干密度呈现先逐渐增大后逐渐降低,含石率为70%的填料可达到的干密度最大,但含石率在30%~85%之间最大干密度仅相差0.03g/cm³,因此过分提高填料的含石率对提高密实度作用不大。填料的承载比CBR值随含石率近似呈线性增长关系,当含石率由30%提高至70%时,CBR值由7.4%提高至19%,因此提高填料的含石率可显著提高填料的路用性能。含石率为30%~70%的填料在压实过程中崩解程度较含石率为85%更高,崩解更充分。试验表明炭质软岩填料适宜的含石率范围为30%~70%。中风化炭质软岩填料经历5次干湿循环后的CBR强度值由24%~28%逐渐衰减为5%~11%,强度衰减幅度很大,因此路堤填筑应考虑填料的长期性能。填料中20~60mm的粗砾组可显著提高填料的抗剪性能、水稳定性、CBR、耐久性和抗变形能力,是影响填料路用性能的关键粒径。

(3)进行了炭质软岩填料荷载作用下的湿化蠕变和饱水强度衰减特性试验,揭示了浸水前后填料变形和强度衰减特性。进行了炭质软岩填料路堤自然条件作用下的湿度与沉降监测,揭示了降雨入渗条件下路堤湿度和沉降变化规律。

研究表明,填料蠕变变形量随着含水率的增大而增大,荷载长期作用下,10~60mm粒径的颗粒破碎,0.075~10mm粒径的颗粒增加。中风化炭质软岩填料浸水前的回弹模量的平均值可达140.4MPa,属于性质较好的砾类土。在受水浸泡6h后,路堤回弹模量的平均值降为82.1MPa,强度衰减41.5%。在受水浸泡24h后,路堤回弹模量的平均值进一步降为74.4MPa,强度衰减47.0%。最佳含水率状态下炭质软岩填料的黏聚力c值在100kPa左右,内摩擦角大约在32°~38°;浸水饱和状态下,炭质软岩填料的黏聚力c值衰减为36~75kPa,较浸水前衰减26%~66%,内摩擦角值衰减为8°~14°,较浸水前衰减63%~74%,浸水后的抗剪强度远小于浸水前。

(4)建立了不同结构形式下炭质软岩填料路堤的变形与稳定性分析数值模型,揭示了降雨入渗条件下不同结构形式路堤的湿度分布特征和工后沉降变形特性。进行了炭质软岩填料的分类,给出了炭质软岩填料的利用部位和路堤防排水措施,提出了炭质软岩填料典型路堤结构形式。

研究表明,降雨入渗后路堤强度软化,边坡稳定性系数降低。包边土可以有效防护炭质软岩填料,减缓雨水入渗带来的不利影响,土工格栅可以有效提高路堤的稳定性。考虑原岩的崩解性、崩解形态、抗压强度等指标,将炭质软岩填料划分为Ⅰ~Ⅳ类(见表8-1),强度指标合格的炭质软岩可作为一般填方路段下路堤填筑,路床、低填浅挖、填挖交界、桥涵台背回填、浸水路堤洪水位以下和低洼易积水路段不得采用炭质软岩填料。

对比了不同坡面防护措施的造价和生态效益,提出了底部隔水 + 上部封盖 + 黏土包边 + 碎石土夹层填筑的路堤设计原则,给出了炭质软岩填料典型路堤结构形式。

炭质软岩填料分类　　　　　　　表 8-1

炭质软岩填料分类	崩解性	崩解形态类别	饱和单轴抗压强度(MPa)
Ⅰ类	难崩解	轻微开裂	$15 < R_w \leq 30$
Ⅱ类	难崩解	轻微开裂	$R_w \leq 15$
Ⅲ类	易崩解	块状崩解	—
Ⅳ类	易崩解	泥状崩解	—

(5)基于炭质软岩填料分形维数-压密程度分析和现场碾压试验,提出了基于分形维数的炭质软岩填料破碎处理标准和适用于不同虚铺层厚的碾压参数与沉降差控制标准,为炭质软岩填料施工质量控制提供了依据。

研究表明,充分破碎后的炭质软岩填料,其粒度分形维数接近 2.6,填料能达到的压实程度与其分形维数值的变化速率和变化趋势基本一致,路堤的施工过程中可以辅助以检测分形维数来判断填料的压实质量。当粒度分形维数值 $D = 2.42$(约 2.6 的 93%)时,填料的压实干密度 $\rho_d = 2.13 \sim 2.16 \text{g/cm}^3$(约 2.28 的 93% ~ 95%),可用粒度分形维数值 $D = 2.42$(约 2.6 的 93%)作为炭质软岩填料崩解处理最低控制标准。炭质软岩填料的压实适宜采用大吨位压路机低频弱振,实现填料的预崩解破碎,弱振相比静压和强振更能提高填料的压实效果。在最佳含水率状态 + 26t 压路机条件下,填料虚铺层厚 30cm 时,1 遍静压 + 2 遍弱振,最后一遍碾压沉降差的代表值不超过 7.7mm,填料的压实度可超过 93%;对于填料虚铺厚度 40cm 时,1 遍静压 + 3 遍弱振,最后一遍碾压沉降差的代表值不超过 6.6mm,填料的压实度可超过 93%;填料虚铺层厚 50cm 时,1 遍静压 + 4 遍弱振,最后一遍碾压沉降差的代表值不超过 3.5mm,填料的压实度可超过 93%。

(6)基于本书研究成果,墨临高速公路就地取材采用炭质软岩填筑路堤,对填料进行分类评价,采用"底部隔水 + 上部封盖 + 黏土包边 + 碎石土夹层填筑"的防水控湿措施,通过重型碾压消除填料的崩解性。项目利用炭质软岩填料填筑路堤 3.5km,消化炭质软岩弃方约 100 万 m^3,减少了废弃土方占地,保护了公路沿线生态环境,直接节约工程造价 2000 万元以上。墨临项目建成通车一年半以来,采用炭质软岩填料填筑的路堤使用效果良好,路堤未发生明显病害,炭质软岩填筑路堤具有显著的经济效益和生态效益。

8.2 建议

本书研究成果目前已在墨临高速公路设计与施工中得到应用,具有显著的经济和社会效益。炭质软岩在我国广西、贵州、云南等地区广泛分布,本书研究成果可推广应用到炭质软岩地区新建公路和现有公路改扩建中,对促进公路行业特殊土路基设计施工技术水平具有一定的参考价值,但还有一些不完善的地方有待进一步研究:

(1)本书提出的黏性土包边隔水效果较好,但实践中也发现部分炭质软岩地区黏性土较为缺乏,因此有必要探索其他坡面防水措施的合理性。

(2)结合依托工程,继续加强炭质软岩填筑路堤的长期性能现场跟踪监测,进一步验证炭质软岩填料路堤结构形式的合理性并进行改进。

参考文献

[1] 刘长武,陆士良.泥岩遇水崩解软化机理的研究[J].岩土力学,2000(1):28-31.

[2] PETTIJOHN F J. Sedimentary rocks[M]. New York:Happer International Edition,1975.

[3] SWOBODA-COLBERG N G. Drever. Mineral dissolution rates in plotscale field and laboratory experiments[J]. Chemical Geology,1993,105:51-69.

[4] 巫锡勇,贺玉龙,魏有仪,等.黑色岩层的风化特征研究[J].地质地球化学,2001(2):17-23.

[5] 李育枢,李天斌,赵其华,等.川西山区某公路拱桥变形破裂成因及处理措施探讨[J].中国地质灾害与防治学报,2003(2):52-57.

[6] 张芳枝.强风化泥质软岩的工程特性及其本构模型参数试验研究[D].南京:河海大学,2003.

[7] 王锐.煤矸石路用性能试验研究[D].合肥:合肥工业大学,2008.

[8] 陈田.桂林地区岩关阶组黑色岩层工程地质特性研究[D].成都:西南交通大学,2010.

[9] 付宏渊,王意明.刘新喜.炭质页岩路堤变形特性研究[J].中外公路,2012,32(1):19-23.

[10] 张静波,吕岩松,王云.贵州地区炭质页岩填料路用性能与路基结构设计研究[J].公路,2016,61(11):35-40.

[11] 付泓锐.炭质泥岩填料静止侧压力系数试验研究[J].五邑大学学报(自然科学版),2017,31(3):67-72.

[12] 郑一晨,张可能.湘南地区煤系地层边坡失稳分析及其治理研究[J].城市勘测,2017(6):155-160.

[13] 周翠英,朱凤贤,张磊.软岩饱水试验与软化临界现象研究[J].岩土力学,2010

(6):1710-1714.

[14] 曹运江.含软岩高边坡稳定性的系统工程地质研究——以岷江紫坪铺水利枢纽工程为例[D].成都:成都理工大学,2006.

[15] 赵建军,黄润秋,巨能攀.某水库溢洪道边坡变形破坏特征及治理对策研究[J].成都理工大学学报,2007(4):15-20.

[16] 陈宗浩.炭质页岩边坡生态稳固技术研究[D].长沙:长沙理工大学,2011.

[17] 杜光波.十天高速公路变质岩边坡变形破坏机理研究[D].西安:长安大学,2011.

[18] 苏少青,李应顺.浅谈京珠高速公路粤境北段特殊岩土路堑边坡的防护与加固[J].广东公路交通,2001(3):52-54.

[19] 薛伟.贵新高等级公路K48牟珠洞右边坡综合整治[J].岩土工程界,2003(4):71-74.

[20] 黄晓华,黄汝祥,刘杰.煤系地层采空区公路路堑高边坡的加固治理[J].重庆交通学院学报,2002(1):68-73.

[21] 李吉东.京珠高速公路小塘至甘塘段煤系地层路堑高边坡稳定性分析与防治[J].水文地质工程地质,2003(5):86-88.

[22] 陈一统.炭质页岩挖方边坡处治实例[J].公路交通技术,2004(3):23-24,34.

[23] 唐大雄.工程岩土学[M].北京:地质出版社,1987.

[24] 侯勇.冻融作用下炭质页岩损伤特性研究[D].长沙:长沙理工大学,2017.

[25] 宋庆利.煤矸石膨胀性的研究[J].山东煤炭科技,2005(1):70.

[26] 文江泉,韩会增.膨胀岩的判别与分类初探[J].铁道工程学报,1996(2):231-237.

[27] 曾铃,李光裕,邱祥,等.包盖法填筑炭质泥岩路堤在降雨条件下的稳定性分析[J].公路工程,2018,43(2):64-71.

[28] 曾铃,邱祥,付宏渊,等.水位升降过程中崩解预处理炭质泥岩路堤稳定性分析[J].中国公路学报,2017,30(5):10-19.

[29] 刘杰,曾铃,付宏渊,等.土质边坡降雨入渗深度及饱和区变化规律[J].中南大学学报(自然科学版),2019,50(2):452-459.

[30] 陈浩,黄静,林锋.GeoStudio软件在土坡饱和—非饱和渗流分析中的应用[J].四川建筑,2008,28(6):67-68.

[31] 丰光亮,胡新丽,吴刚,等.鄂西恩施地区非饱和土降雨入渗规律[J].地质科技情报,2010,29(5):112-116.

[32] 杨和平,章高峰.包盖法填筑膨胀土路堤的合适包边宽度[J].公路交通科技,

2008,148(7):37-42.

[33] 徐一鸣,洪宝宁,刘鑫.高液限土包盖法路堤填筑控制参数研究[J].中外公路,2013,33(4):34-36.

[34] 杨永红,吕大伟.高速公路碳质页岩高边坡加固处治研究[J].岩石力学与工程学报,2006(2):392-398.

[35] KANJI M A. Critical issues in soft rocks[J]. Journal of Rock Mechanics & Geotechnical Engineering,2014,6:186-195.

[36] BRYSON L S,GOMEZ-GUTIERREZ I C,HOPKINS T C. Development of a newdurability index for compacted shale[J]. Engineering Geology,2012,139(4):66-75.

[37] BRYSON L S,KIRKENDOLL J S,MAHMOODABADI M. A New Rapid Method to Assess the Durability of Shale[J]. Geotechnical and Geological Engineering,2019,37(1):4135-4150.

[38] 谈云志,喻波,戴光柏,等.绢云母片岩路基填料最大填筑粒径确定方法[J].岩土力学,2015,36(1):137-142.

[39] 谈云志,胡莫珍,周玮韬,等.荷载-干湿循环共同作用下泥岩的压缩特性[J].岩土力学,2016,37(8):2165-2171.

[40] 杜秦文,刘永军,曹周阳.变质软岩路堤填料湿化变形规律研究[J].岩土力学,2015,36(1):41-46.

[41] 付宏渊,刘杰,曾铃,等.考虑荷载及干湿循环作用的炭质泥岩崩解特征试验[J].中国公路学报,2019,32(9):22-31.

[42] LIU F F,MAO X S,FAN Y S,et al. Effects of initial particle gradation and rock content on crushing behaviors of weathered phyllite fills-A case of eastern Ankang section of Shiyan-Tianshui highway,China[J]. Journal of Rock Mechanics and Geotechnical Engineering,2020,12(2):269-278.

[43] ZENG L,YU H C,LIU J,et al. Mechanical behaviour of disintegrated carbonaceous mudstone under stress and cyclic drying/wetting[J]. Construction and Building Materials,2021,282(6):122656.

[44] ZHANG C,JIANG G,BUZZI O,et al. Full-scale modeltesting on the dynamic behaviour of weathered red mudstone subgrade under railway cyclic loading[J]. Soils and foundations,2019,59(2):296-315.

[45] ZHANG B Y,ZHANG J H,SUN G L. Deformation and shear strength of rockfill materi-

als composed of soft siltstones subjected to stress, cyclical drying/wetting and temperature variations[J]. Engineering Geology,2015,190:87-97.

[46] ZHANG B Y,ZHANG J H,SUN G L. Particle breakage of argillaceous siltstone subjected to stresses and weathering[J]. Engineering Geology,2012,137-138:21-28.

[47] YIN Y,ZHANG B Y,ZHANG J H,et al. Effect of densification on shear strength behavior of argillaceous siltstone subjected to variations in weathering-related physical and mechanical conditions[J]. Engineering Geology,2016,208:63-68.

[48] 付宏渊,邱祥,李光裕,等.降雨入渗条件下炭质泥岩路堤动态稳定性[J].长安大学学报(自然科学版),2017,37(1):33-42.

[49] 曾铃,李光裕,邱祥,等.包盖法填筑炭质泥岩路堤在降雨条件下的稳定性分析[J].公路工程,2018,43(2):64-71.

[50] 王立久,刘慧.矿料级配设计理论的研究现状与发展趋势[J].公路,2008,(1):170-175.

[51] ZHAO Y,XU T,HUANG X,et al. Gradation Design of the Aggregate Skeleton in Asphalt Mixture[J]. Journal of Testing & Evaluation,2012,40(7):20120142.

[52] ERNAS O,ZOFKA A,VAITKUS A,et al. The effect of exposed aggregate concrete gradation on the texture characteristics and durability[J]. Construction and Building Materials,2020,261:119921.

[53] 王萌,肖源杰,王小明,等.道砟压实质量与颗粒运动关联特征及内在机制研究[J].铁道科学与工程学报,2021,18(8):2055-2065.

[54] QIAN W,XUESONG M,YING Z,et al. Model Experiments to Study the Hydrothermal Variation and Resilient Modulus of Soil Subgrade Subjected to Freeze-thaw Conditions [J]. Case Studies in Construction Materials,2022,16: e01145.

[55] 曾铃,肖柳意,刘杰,等.预崩解炭质泥岩路堤填料工程性能试验研究[J].铁道科学与工程学报,2020,17(1):73-81.

[56] 甘文宁,朱大勇,刘拴奇,等.皖南山区崩解性红砂岩路用性能研究[J].合肥工业大学学报(自然科学版),2014,(2):209-214.

[57] 毛雪松,周雷刚,马骉,等.强风化千枚岩填筑路基改良技术研究[J].中国公路学报,2012,25(2):20-26.

[58] 谈云志,喻波,戴光柏,等.绢云母片岩路基填料最大填筑粒径确定方法[J].岩土力学,2015,36(1):137-142.

[59] 张莎莎,杨晓华,王明皎,等.泥质软岩土石混合料弃渣路用性能研究[J].公路交通科技,2015,32(2):55-59.

[60] 张静波,何斌,杨露,等.软岩路堤填料干湿循环大型压缩变形试验研究[J].公路,2017,62(10):46-50.

[61] 甘鹏山,龚峻松,廖泽平,等.山区高填方路堤填筑全过程变形应力特性分析[J].中外公路,2017,37(5):10-13.

[62] 陈羽,张静波,杨露,等.惠罗高速风化炭质泥岩作路基填料的试验研究[J].公路工程,2017,42(5):32-37.

[63] 杜掀.河百高速炭质页岩工程特性及边坡稳定性研究[D].南宁:广西大学,2019.

[64] 王荆.炭质页岩隧道弃渣的浸水特性试验研究[J].湖南城市学院学报(自然科学版),2014,23(1):20-22.

[65] 罗根传,付宏渊,贺炜,等.预崩解处理后炭质页岩路用性能试验研究[J].中外公路,2012,32(1):34-37.

[66] 王平,周立新,黄晓波.碳质页岩填料冲击压实性能试验研究[J].重庆交通大学学报(自然科学版),2008(4):606-609.

[67] 中华人民共和国交通运输部.公路土工试验规程:JTG 3430—2020[S].北京:人民交通出版社股份有限公司,2020.

[68] 中华人民共和国交通运输部.公路路基设计规范:JTG D30—2015[S].北京:人民交通出版社股份有限公司,2015.

[69] 范磊.基于PFWD的土石混填路基压实质量快速检测方法研究[D].西安:长安大学,2011.

[70] 中华人民共和国交通运输部.公路路基路面现场测试规程:JTG 3450—2019[S].北京:人民交通出版社股份有限公司,2020.

[71] 苏永华,赵明华,刘晓明.软岩膨胀崩解试验及分形机理[J].岩土力学,2005(5):728-732.

[72] 中国工程建设标准化协会.公路软质岩路堤设计与施工技术规程:T/CECS G:D22-02—2022[S].北京:人民交通出版社股份有限公司,2022.